Im Eulen-Spiegel

KreARTives aus der Rietberger Schreibwerkstatt

herausgegeben von Dana Martinschledde

Verlag Uhle & Kleimann – Lübbecke

Umschlagentwurf:

Im Eulenspiegel – Kreidezeichnung von Andrea Sielhorst, Rheda-Wiedenbrück, Layout und Gestaltung von Ruth Krüger, Rietberg

Zip-Kurztitel der Deutschen Bibliothek:
Im Eulen-Spiegel
KreARTives aus der Rietberger Schreibwerkstatt
herausgegeben von Dana Martinschledde
© Verlag Uhle & Kleimann · 32312 Lübbecke
ISBN 978-3-928959-60-5

ISBN 978-3-928959-60-5
© 2015 Verlag Uhle & Kleimann, 32312 Lübbecke

Alle Rechte, insbesondere das Recht auf Vervielfältigung sowie der Übersetzung, vorbehalten. Kein Teil des Buches darf in irgendeiner Form (z.B. durch Fotokopie, Mikrofilm, Digitalisierung oder ein ähnliches Verfahren) ohne schriftliche Genehmigung reproduziert oder unter Verwendung elektronischer Systeme verarbeitet und verbreitet werden.

Herausgeberin und Verlag danken folgenden Privatpersonen, Firmen und Institutionen für ihre finanzielle Unterstützung:

anziehbar wilsmann, Rietberg
Autohaus Mense GmbH, Gütersloh
Bäckerei Reineke, Rietberg
Birgit und Stephan Brahmst, Rheda-Wiedenbrück
Buchhandlung Lesezeichen, Rietberg
Buchhandlung Schulte-Poll, Rietberg
Sigrid und Jörg Buttgereit, Delbrück
Stefan Dörhoff, Rietberg
Irmgard und Bruno Feuerborn, Rietberg
Wolfgang Feuerborn, Verl
Gudrun und Bruno Fortmeier, Schloß Holte-Stuckenbrock
Anne Friederizi, Paderborn
Markus Frye, Rheda-Wiedenbrück
Heinrich Gielen, Gütersloh
Haus Geissel, Rietberg
Konrad Hesse, Rietberg
Klaus Hittmeyer, Verl
Beate Holtemeier-Wortmann, Herzebrock-Clarholz
Holzspielzeug Peitz, Westenholz
Thomas Hönemann, Rietberg
Simone Ilse, Paderborn
Ulrike und Dr. Christian Jebe, Soest
Claudia und Martin Kemper, Dortmund
Waltraud und Hermann-Joseph Kemper, Lippstadt
Klesener KTT GmbH, Rietberg
Stephan Kömhoff-Paatz, Paderborn
Heike und Dr. Heiner Koop, Rietberg
Dr. Yi-Wei Lee-Steinkämper, Paderborn

Max Lüning GmbH, Rietberg
Annette Lönne, Beckum
Anja Martinschledde, Rietberg
Heinrich Martinschledde, Rietberg
Dr. Gregor Jodokus Meyer, Rietberg
Christian Michalke, Paderborn
norden & aulbur Küchen, Gütersloh
Anja Rodenbeck, Rietberg
Franz Sandmeyer, Westenholz
Adolf Schöning, Lippstadt
Andrea Schüthuth, Langenberg
Kai Seppeler, Rietberg
Sparkasse Rietberg
TG Druck + Werbung, Rietberg
TÖLLE SCHUHE, Rietberg
Verein der Ehemaligen des GNR
Elisabeth von Lehmden und Klaus Biener, Rietberg
Volksbank Rietberg
Hans-Wolfgang Wieners, Gütersloh
Kim Wittkemper, Soest
sieben weitere anonyme Sponsoren

Danksagung

Ich danke den Mitgliedern des EULE-Kurses „Kreatives Schreiben" für das unermüdliche Engagement Kurzgeschichten und Gedichte zu verfassen sowie Aquarelle und Kreidezeichnungen speziell für diese Publikation zu erstellen. Der Austausch und die ertragreichen Gespräche bildeten die Basis allen kreativen Handelns in dieser Arbeitsgruppe.

Für die Digitalisierung des Bildmaterials und die Bereitstellung der Fotoarbeiten sei Frau Katharina Ramsel vom Fotostudio GEGENLICHT sowie Herrn Thorsten Austermann von der Stadtbibliothek Rietberg gedankt.

Die Autoren sprechen dem Förderverein des Gymnasiums Nepomucenum Rietberg, der Bürgerstiftung Rietberg sowie der Stadt und dem Gymnasium Rietberg für die ideelle Unterstützung des Projektes ihre Verbundenheit aus.

Herrn Bernhard Uhle ist es zu verdanken, dass das vorliegende Druckwerk in all seinen Details und Besonderheiten realisiert werden konnte.

Schließlich gilt mein ganz besonderer Dank Herrn Dr. Heiner Koop, der sich von Beginn an für die Idee des Buches begeistern konnte, mich ermutigte und mir als Betreuungslehrer mit fachlicher und emotionaler Unterstützung jederzeit tatkräftig zur Seite stand. Seine Hilfestellungen haben auf allen Gebieten eine entscheidende Rolle im Entstehungsprozess des Schriftwerkes gespielt und dazu beigetragen, dass der ursprüngliche, gedankliche Entwurf zunehmend Form annehmen und seinen heutigen Stand erreichen konnte.

Auch Frau Heike Koop möchte ich für ihre positive Verstärkung, die Gastfreundschaft und die kreARTiven Ideen meinen Dank aussprechen.

Dana Martinschledde

Der Innenspiegel

Von Eulen und Spiegeln – Ein Geleitwort 🦉 **11**

Spiegelstriche – Ein Vorwort der Herausgeberin 🦉 **15**

Im Spiegel der Jahreszeiten 🦉 **19**
Frühlingserwachen • 20
Der verliebte Osterhase • 21
Sommer • 23
Sommerzeit • 24
Septembermorgen • 25
Oktober • 26
Herbst • 27
Weihnachten bei Kötterheinrichs • 28

Gefühle – Ein Spiegel der Seele 🦉 **31**
Déjà-vu • 32
Arroganz • 34
Glück • 35
Verlust • 36
Der Sieg nach tausend Niederlagen • 38
Die Frau auf dem Deich • 39
Dein Schlüsselbein • 40
Gefühle im Glas • 42
Angsthimmel • 44
Heißer Brei für Fortgeschrittene • 45
Milchglasaugen • 46
Schmerz • 48
Ein Märchen aus alten Zeiten • 49
Nähe und Ferne • 50
Tinte meiner Seele • 52

Man sieht nur mit dem Herzen gut • 54
Nur nicht weinen • 55
Eine menschgewordene Angst • 57
Zwiespalt • 58
Sehnsucht • 59
Die schmerzhafte Liebe des Caspar Curtius • 60
Falten • 62
Erste Liebe • 63
Im Küstensturm • 65

Zeit – Der Spiegel zwischen Gestern und Morgen 🦉 **67**
Erwachen • 68
Das Zauberglärschen • 70
Entrinnen • 73
Kindheitserinnerungen • 74
Was ist Zeit? • 77
Was noch bleibt • 78
Die Zeit • 80
Hunger • 82
bis wir fallen • 84
Die Zeitenwende • 88

Im Schattenspiegel 🦉 **89**
Der Lichtschalter • 90
Auf der Reise • 92
Qual in der Nacht • 93
Wie lange noch? • 95
Licht und Schatten • 96
Die Säge • 98
Schachmatt • 100
Es ist nicht so, wie es aussieht • 101

Weiße Raben • 102
Mann und Maus • 104
Madonna • 106
Der Knabe im Moor • 108
Totentanz • 109
Zerstörtes Leben an allen Orten • 110
Zwei starke Herzen • 112
urtrieb • 113

Hoffnung – Der Weg ans Licht 🦉 115
Fischers Fritz • 116
Nachtzauber • 118
Wie kann eine Frau so etwas tun? • 119
Fesseln • 120
Ausgesetzt • 123
Der Sturz • 125
Es regnet, Gott segnet • 128
Hoffnung • 130

Spiegelsplitter – Gemeinsames aus verschiedenen Federn 🦉 133
Buchstabenglut • 134
Tanz auf den Wolken • 135
Entrissen • 136
Ungeziefer • 137
Abenteuer • 138

Der Seitenspiegel – Kurzbiographien der Autoren 🦉 139

Von Eulen und Spiegeln
–
Ein Geleitwort

„Verborgenes" – Aquarell von Hans-Wolfgang Wieners

Der Eulen-Spiegel, dieser symbolträchtige und vielversprechende Titel einer Sammlung literarischer Werke, die im Rahmen des Seniorenprojektes EULE am Gymnasium Nepomucenum Rietberg entstanden sind, zeigt ein facettenreiches Bild jahrelang gepflegter Berührungspunkte zwischen Jung und Alt.

Mit dem ersten Element des Buchtitels macht sich die Herausgeberin das Bild der Eule, ein Symbol für Weisheit und Scharfsinn, zunutze. Die Eule mit ihrem ruhigen, abgeklärten Blick steht für ein tiefgehendes Verständnis der Zusammenhänge zwischen Mensch, Natur und Gesellschaft und die Fähigkeit, in herausfordernden Situationen die sinnvollste Handlungsweise zu erkennen. Bei dieser sprichwörtlichen „Klugheit" kommt es nicht auf das Alter an – es gibt 17-Jährige, die sie besitzen und leben, es gibt aber auch 70-Jährige, die sie nie erlangen werden. Die Zusammenstellung der hier vorliegenden – keinesfalls mit dem Anspruch auf Perfektion verbundenen – Kurzgeschichten und lyrischen Gedichte würdigt die Auseinandersetzung der Autoren mit sich selbst, mit jeder persönlichen Geschichte, den damit verbundenen Erlebnissen und Gefühlen. Sie zeigt damit ein Gespür für das Gefüge, in dem Jung und Alt miteinander leben. Der Begriff „Würdigung" erfährt hier im sprachhistorischen Kontext eine konkrete Realisierung: Dem geschriebenen Wort wird ein Wert gegeben.

„Spiegel", vom lateinischen Wort „speculum" abgeleitet, bedeutet „Abbild" oder „reflektierende Fläche" und kann hier einerseits als Ausdruck des Bemühens um ein generationenübergreifendes Miteinander ausgelegt werden, symbolisiert andererseits aber auch Selbsterkenntnis, Klugheit oder Wahrheit. „Jemandem den Spiegel vorhalten" oder das „Spiegelbild der Seele" sind heute noch gebräuchliche Redensarten, die diese Eigenschaften versinnbildlichen. Genau dies beschreibt die Arbeit im Kurs

„Kreatives Schreiben" der EULE. In vielerlei Hinsicht wird mit diesem Buch das gemeinsame Tun dokumentiert, darüber hinaus aber auch das Verhältnis und gegenseitige Verstehen aller Beteiligten. Hier werden Anliegen, Probleme und Gefühle nicht nur beschrieben, sondern auf eine ganz persönliche Art begreiflich gemacht, so dass man das innere Befinden nachvollziehen kann, weil es auf einer anderen Ebene abgebildet wird.

Dabei hilft der Einsatz diverser Stilmittel in den lyrischen Texten und Kurzgeschichten, den Charakter eines Gefühls oder eines Eindrucks darzustellen. Ob durch strikte Kleinschreibung oder die Verwendung von Zeitsprüngen, Hyperbeln oder Metaphern, das jeweilige literarische Produkt zeigt, wie im Kreise der Kreativen Emotionen in Sprache umgesetzt werden.

Die literarische Komposition „Eulen-Spiegel" ist jedoch keineswegs närrischer Natur. In den gängigen Interpretationen (etwa bei Werner Wunderlich: Eulenspiegel – Interpretationen; München 1979; S. 12ff) wird der Held dieser Legende als Gestalt gesehen, in der sich zeitloses Sein vor dem Hintergrund gesellschaftlicher Bedürfnisse mit gesellschaftskritischer Auseinandersetzung manifestiert.

Im Untertitel – KreARTives aus der Rietberger Schreibwerkstatt – wird einmal mehr deutlich, dass das vorliegende Werk auf vielseitige Art und Weise künstlerische Elemente verknüpft: Die darstellerische Ebene mit ihren eigens für dieses Projekt kreierten Aquarellen und Kreidezeichnungen, die sprachliche Komponente, in der Erlebtes und Gefühltes in Worte gefasst werden und nicht zuletzt die gekonnte Zusammenstellung und Gliederung der Einzelbeiträge spiegeln einen ideenreichen und phantasievollen Umgang und schöpferisches Handeln wider.

Das Kompositum aus Eule und Spiegel birgt ein soziales und kognitives Kapital, das mancherorts verborgen liegt und nur noch zu Tage gefördert werden muss, um die Erträge zu ernten. Dies ist Dana Martinschledde in vorbildlicher Weise gelungen. Hierfür gebührt der angehenden Abiturientin Respekt und Anerkennung. Es zeigt sich, welche Leistungen Begeisterung für eine Sache und einfallsreiche Gestaltungskraft, gepaart mit der Beherrschung fachwissenschaftlicher Methoden, hervorzubringen vermag.

Dr. Heiner Koop
Pädagogischer Leiter des Projektes EULE
am Gymnasium Nepomucenum Rietberg

Spiegelstriche

–

Ein Vorwort der Herausgeberin

„Versöhnung" – Aquarell von Hans-Wolfgang Wieners

Gedanken, die bei der Entstehung dieses Buches eine Rolle gespielt haben, sollen dem aufmerksamen Leser nicht vorenthalten werden. Die folgenden Spiegelstriche mögen helfen, das eine oder andere Ziel meiner Arbeit nachzuvollziehen, die Bedeutung des kreativen Schreibens, ganz gleich auf welchem Niveau dies geschieht, zu erfassen und schließlich den Wert jedes kreativen Tuns zu begreifen.

Die EULE ist ein Gemeinschaftsprojekt des Caritasverbandes für den Kreis Gütersloh c.V. und des Gymnasiums Nepomucenum Rietberg, in dem Schüler in die Rolle der Lehrkraft schlüpfen und regelmäßig eine Gruppe Senioren in unterschiedlichen Fächern unterrichten. Das Apronym EULE steht für Erleben, Unterrichten, Lernen und Experimentieren. Diese Form der offenen Seniorenarbeit fördert neben der generationenübergreifenden Begegnung und Verständigung auch Verständnis und Gespür füreinander. Die vorliegende Sammlung ist im Laufe von fünf Jahren im EULE-Kurs „Kreatives Schreiben" entstanden.

Aus der Technik des Schreibens und des Experimentierens mit Sprache entwickelte sich zunehmend das Bedürfnis, auch selbstreflektierenden und autobiographischen Aspekten mehr Ausdruck verleihen zu können. Mit sprachdidaktischer Unterstützung konnte die Freude am Schreiben und an der individuellen emotionalen Ausdrucksfähigkeit gefördert und unterstützt werden, ohne notwendigerweise die Gestaltung anspruchsvoller Texte als Ziel vor Augen zu haben.

So wurde nicht nur den Texten jedes Einzelnen, sondern auch den Schreibprozessen, die alle Mitglieder des Kurses miteinbezogen, eine besondere Bedeutung beigemessen. Die individuellen Beiträge konnten sich Wort für Wort zu einer Neuschöpfung verbinden, in der sich die persönliche Handschrift jedes Autors und jeder Autorin widerspiegelt. Auf diese Weise verschmolzen die Gedankensplitter zu einem Ganzen, den „Spiegelsplittern".

Einige der Stilmittel, die von den Schülerinnen und Schülern in ihren Texten verwendet werden, wurden bewusst und konkret eingeübt. Vieles aber fließt den Autoren einfach und unbewusst aus der Feder, entstanden aus dem Versuch, ein Gefühl oder Ereignis möglichst anschaulich, eindrücklich und spannend zu beschreiben. Reimschemata, Vergleiche oder Metaphern wurden ebenso einstudiert wie beispielsweise rhetorische Fragen. Auch die Bedeutung des lyrischen Ichs oder die Wirkung eines bestimmten Tempus wurden in unterschiedlichsten Sprachsituationen erprobt und gezielt eingesetzt. Einen Eindruck dieses teils gewünschten, teils zufällig entstandenen Prozesses vermittelt das vorliegende Buch.

Wie etwa in der gängigen Fachliteratur beschrieben (Bernhard Schmidt-Hertha: Kompetenzerwerb und Lernen im Alter; Bielefeld 2014; S. 23ff), nimmt in unserer Gesellschaft die sogenannte Altenbildung bedingt durch die Veränderung der Altersstruktur einen immer größeren Raum ein. Außerberufliche Angebote für Menschen in der Nacherwerbsphase gewinnen zunehmend an Bedeutung hinsichtlich der fortschreitenden Technisierung im digitalen Zeitalter und werden unter der Definition „Informelles Lernen" gefasst. Im Kontext des EULE-Kurses „Kreatives Schreiben" spielen hierbei zumeist reaktive Lernprozesse eine Rolle, im Zuge derer unbewusst erfolgte Entwicklungen und Erfahrungen bewusst lernend verarbeitet werden.

Fasst man Bildung und Lernen als lebenslangen Prozess auf, so wird deutlich, dass die EULE hier eine Nische bedient, die Möglichkeiten bietet, in vergangenen Lebensphasen unzugänglich gewordene kognitive Wege zu beschreiben und Wünsche nachzuholen. Nicht zuletzt muss der gesundheitspräventive Aspekt der Schulung geistiger Flexibilität im Alter in den Blick genommen werden. Kognitive Fähigkeiten umfassen alle Aktivitäten des Gehirns, die mit der Verarbeitung von Informationen in Zusammenhang stehen. Dazu zählen insbesondere die Verwendung von Sprache, die Schulung von Wahrnehmungen und das Erinnern (vgl. Schmidt-Hertha, a.a.O.; S. 29; S. 35f). Hier lassen sich also die biographischen Elemente der Autoren, die kognitiven Bedürfnisse und die physiologischen Erfordernisse ideal mit den sozialen Belangen unserer Gesellschaft verknüpfen. Der Erhalt und die Weitergabe des sozialen und kreativen Kapitals sind damit als ein nicht zu unterschätzender Beitrag zur individuellen Förderung eines aktiven Lebensstils und eines vielseitigen gesellschaftlichen Engagements anzusehen. Damit geht nach Schmidt-Hertha (S. 112f) die Zielsetzung des Kurses weit über den Erhalt individueller Humanressourcen hinaus und leistet „einen wesentlichen Beitrag zur sozialen Integration und individuellen Identitätsentwicklung in der nachberuflichen Lebensphase."

Nun wird man sich fragen, wie man eine solche Sammlung ganz unterschiedlicher Kurzgeschichten und lyrischer Werke liest. Man kann das Buch natürlich von vorne nach hinten durchlesen, denn die gewählte Ordnung gibt offensichtlich selbst eine gewisse Struktur vor. Die einzelnen Werke sind jedoch, jedes für sich betrachtet, im Laufe der Jahre unabhängig voneinander entstanden und aus ganz unterschiedlichen Anlässen, Situationen und Beweggründen heraus geschrieben worden. Diese Tatsache lädt dazu ein, in diesem Buch zu stöbern, zu springen, ja, sich sogar treiben zu lassen. Nehmen Sie sich in jedem Fall gern Zeit: Zeit zum Denken, zum Nachspüren und zum Besinnen.

Dana Martinschledde

Im Spiegel der Jahreszeiten

„Januar" – Aquarell von Andrea Sielhorst

Frühlingserwachen
von Anna Feichtinger

Sehnsuchtsvoll halte Ausschau ich
nach neuer Wärme, prallem Leben und Licht
Am blauen Himmel ein klagend Geschrei
die Boten des Frühlings ziehen vorbei

Der Frühling hat endlich Maß genommen
die Flur hat ein neues Kleid bekommen
die Blöße bedecken grüne Spitzenröckchen
dazwischen blaue, gelbe und weiße Glöckchen

Gelbe Tupfer tanzen im Sonnenschein
in mein Herz zieht der süße Friede ein
Ein Locken und Wispern im Geäst
Natur erwacht zum freudigen Fest

In mir wird lebendig, was tot und erstarrt
das Licht von oben hat mich nicht genarrt
Ich ahne die Spur eines besseren Morgen
ich jauchze und jub'le und pfeif' auf die Sorgen

Der verliebte Osterhase

von Hans-Wolfgang Wieners

Der Tag begann die Nacht zu besiegen, doch noch lag eine dünne Nebeldecke wie ein Schleier über der Schmetterlingswiese. Der aufgehende, glühende Sonnenball schickte seine ersten warmen Strahlen über die Wiese und verlor sich dann im lichten Wald.
Wald und Wiese begannen zu erwachen. Licht durchflutete das Dickicht des Waldes, erhellte auch seine dunkelsten Stellen. Eine Eule strich lautlos durch die Äste der Bäume und war schnell in der Tiefe des Waldes verschwunden. Eine kleine Maus steckte ihre spitze Schnauze aus ihrem Bau, die kleinen dunklen Knopfaugen blickten lebhaft in die Runde, aber sie schien noch keine Lust auf Ausflüge zu haben und verbarg sich schnell wieder in ihrer Höhle.
Von den Bäumen begann es nun zu tropfen, der sich auflösende Nebel fiel durch die warmen Sonnenstrahlen auf den Waldboden. Immer stärker tropfte es nach unten und das ärgerte den Hasen Wolle, der unter einer großen Eiche sein Nachtlager aufgeschlagen hatte. Mit seinen langen Vorderpfoten rieb er sich den Schlaf aus den Augen. Die herabfallenden Wassertropfen hatten ihn geweckt.
Glücklich sah Wolle heute Morgen aber nicht aus, er musste gleich wieder an gestern denken. Die Häsin seiner Träume, Flocki, mit der er so gern eine Familie gründen wollte, hatte ihn enttäuscht. Sie war mit diesem Klopfer, dem Platzhirschen unter den Hasen, über die Wiese getobt. Dabei war es doch Wolle, der ihr die schönsten Möhren besorgt hatte – aber das zählte wohl nicht mehr. Würde es heute wieder so sein? Würde er erneut den Zuschauer spielen müssen?
Da, da kam doch Flocki auf die Wiese und schien sich nach jemandem umzuschauen. Gerade als Wolle die Gelegenheit ergrei-

fen wollte, kam er wieder, der verhasste Klopfer. Das wilde Spiel der beiden begann aufs Neue. Sie sprangen hoch, berührten sich, schlugen sich sanft, um dann wieder in einem wilden Rennen davonzustürmen. Das alles musste Wolle wieder ertragen. Es musste etwas passieren – aber was?

Als hätte der Hasengott seine Wünsche erhört, veränderte sich die Situation. Plötzlich schwebte ein Schatten über die Wiese. Ein großer Raubvogel war auf der Suche nach Beute, ergriff die Gelegenheit und stürzte sich auf die unaufmerksame Flocki. Seine scharfen Krallen drangen tief in Flockis Fell ein. Sie quiekte laut auf und wollte sich befreien, doch es gelang ihr nicht – zu fest hatte der Raubvogel sie im Griff.

Klopfer, der die Gefahr erkannt hatte, war längst davongestürmt und hatte Flocki im Stich gelassen. Wolles verehrte Flocki als Beute für einen Raubvogel? Das durfte nicht geschehen! Der große Vogel wollte sich gerade erheben und mit seiner Beute davonfliegen, da stürzte sich Wolle von hinten auf den Vogel und riss ihn zu Boden. In diesem Augenblick musste der Angreifer seinen Griff lösen und das war die Gelegenheit für Flocki, sich zu befreien. Hakenschlagend rannte sie davon und fand unter einem Strauch Zuflucht. Wolle kam bald dazu, noch völlig außer Atem, aber in Sicherheit. Wütend versuchte der große Vogel, in die Hecke einzudringen, aber es gelang ihm nicht – sie war zu dicht. So blieb ihm nur der Rückzug. Noch lange hörte man sein Geschrei, bis er schließlich hinter dem Wald verschwand.

Wolle knabberte ein paar Löwenzahn- und Wegerichblätter ab und legte sie auf Flockis Wunden, die bald zu bluten aufhörten. „Mein Held", flüsterte sie. Da richteten sich seine Ohren stolz auf und seine Augen strahlten wie Sterne in der Nacht. Flocki schmiegte sich an ihn und blickte ihn mit verträumten, glitzernden Augen an. Ihr kleines schwarzes Näschen zuckte aufgeregt und lebhaft hin und her. Wolle hatte seine Traumhäsin gefunden, und der Familiengründung stand nun nichts mehr im Wege.

Sommer

von Anna Feichtinger

Die Sonne hat viel Mut bewiesen,
sie hat sich auf einmal so hoch gehängt.
Will sie versengen mit ihrer Glut
was sich hat durch harte Kruste gekämpft?

Sie will nur umarmen, zur Fülle führen,
erwärmen, mit ihren Strahlen nicht geizen
und locken zum Wandern, Plantschen, Flanieren
zur Hoch-Zeit des Jahres zum Übermut reizen.

Schwalben tauchen in flirrende Luft
Rosen betör'n mit ihrem Duft.
Kinder schlagen vor Freude Purzelbäume
der Sommer erobert sich alle Räume.

Bunte Vielfalt an jedem Ort.
Du musst nicht von zu Hause fort,
kannst eintauchen in die satte Welt
am Haus, im Garten, im kleinen Zelt.

Sommerzeit

von Hildegard Thate

Lang erwartet – jetzt ist er da!
Endlich Sommer – ist doch klar!

Wärme, lang erwartet
treibt uns aus dem Haus,
Fahrrad, Blumen, Sonnenschirm,
alles muss jetzt raus!
Langer Abend, Sonnenschein,
kühler Wein – kann's besser sein?

Die laue Luft, der Sonnenschein,
frohe Menschen, Leckereien,
kann es uns eigentlich besser gehen?
Wir wollen keine Wolken sehen!

Abends dann der Wettermann:
Was er sagt, geht alle an.
Plötzlich dann der Schreck:
Morgen ist die Sonne weg!
Wind kommt auf und Regen droht,
und das heißt: Balkonverbot!

Lieber Sommer, komm doch wieder,
schenk noch ein paar warme Tage!
Wenn es sein muss, knie ich nieder –
Regen ist doch eine Plage!

Septembermorgen
von Anna Feichtinger

Nebelschwaden, stilles Land
Röte steigt auf hinter dichtem Holz
Wer gewinnt die Oberhand
fragt sich die Sonne, nicht ohne Stolz

Sie dringt mit kräftigem Strahl
durch den Dunst im weiten Tal
Sie bietet all ihre Kräfte auf
Nebel stemmt sich gegen ihren Lauf

Der graue Schleier fällt
Wie leuchtet jetzt die Welt
Gespensterspuk verschwindet wie Rauch
durch ihren warmen Lebenshauch

Farbtupfer – rot, gelb und blau
lugen aus feuchtem Gras
Spinnenfäden nebelnass
glitzern vom silbernen Tau

Weißblauer Himmel und erdiger Duft
gereifte Früchte und die frische Luft
all das hat mit ihrer unbändigen Kraft
frühmorgens die Sonne zuwege gebracht

Oktober

von Hildegard Thate

Oktober ist's, der Herbst ist gekommen,
die Sonne wurde uns genommen.
Grauer Nebel über's Stoppelfeld wallt,
die Wärme ging, jetzt wird es langsam kalt.

Buntes Laub die Bäume ziert,
man sieht schon, wie es kälter wird.
Frischer Wind weht durch die Gassen,
Pflanzen müssen Blätter lassen.

Weine und Früchte sind eingebracht,
reichlich Ernte dank der Sonne Macht.
Der Sommer war doch wunderbar –
gewaltig endet jetzt das Jahr.

Herbst

von Hans-Wolfgang Wieners

Am Horizont der Morgen graut
Nebel egal wohin man schaut
Die Vögel wollen noch nicht singen
Der Morgenstart will nicht gelingen

Der Herbst ist's, der hier tritt hervor
Die Kälte steigt langsam empor
Die Blätter werden rot und braun
Doch die Menschen merken's kaum

Aber eines Tages dann mit Macht
Hat der Herbst die Farben durchgebracht
Sie leuchten nochmal in aller Pracht
Über Nacht sind sie dahingerafft

Unbrauchbar liegen sie am Boden
Scheinen von der Natur betrogen
Doch halt, so nutzlos sind sie auch wieder nicht
Im Frühling kriegen sie ein neues Gesicht

Stirbt in der Natur scheinbar alles ab
Gleich einem Menschen der da geht ins Grab
So wird es im Wald neue Blätter geben
Wie auch ein Mensch, der erschafft neues Leben

Weihnachten bei Kötterheinrichs

von Hans-Wolfgang Wieners

Der 1. Weihnachtstag war bei Kötterheinrichs immer das Fest des Jahres. Schon Tage vorher glich das ganze Haus einer Cateringfirma. Es wurde gekocht, gebacken und geputzt.
Der Tannenbaum wurde nach einigen erfolglosen Versuchen schließlich doch aufgestellt, durch mehrfaches Kürzen des Stammes war er zu einem klimageschädigten Mini-Tannenbaum mutiert. Der anschließende Behang glich diesen kleinen Mangel aber wieder aus.
Die ganze Familie wurde erwartet – und die war groß. Else und Vater Fritz hatten selbst vier Kinder, Onkel Heinz und die unverheirateten Tanten Olga und Agathe sollten eintreffen, dazu kamen noch Elses Schwester Gisela mit ihren drei Kindern und – nicht zu vergessen – Oma und Opa, die noch ziemlich rüstig waren.
Bevor nun alle einfielen, warf Else, Mutter und Mittelpunkt der Familie, einen letzten Blick auf den üppig gedeckten Tisch im Wohnzimmer und zupfte hier und dort noch ein wenig an den Servietten, die nachher sowieso keiner benutzen würde. Man brauchte sie meist nur, um den Inhalt umgestürzter Gläser aufzusaugen.
Nervös strich Else ihre gebügelte, rüschenbesetzte Schürze noch einmal glatt. Dieses gute Stück, gerettet aus Urgroßmutters Erbmasse, kam an Weihnachten immer wieder zur Geltung.
Dann schellte es. Das konnte nur Heinz, ihr Bruder, sein. Am Schellen konnte sie es schon erkennen. Hoffentlich trank er nicht mehr so viel. Im letzten Jahr mussten alle mit anpacken, um ihn zur Ausnüchterung unter die Dusche zu bringen.
Mit Heinz trudelten dann auch Tante Agathe und ihre Zwillings-

schwester Olga ein. Küsschen hier und Küsschen da. Die Kinder stoben schnell davon. Das Küssen war ihnen ein Gräuel und sie wären am liebsten in ihren Zimmern verschwunden, aber heute war Weihnachten − Fluchtversuche zwecklos. Als Letzte kam, wie immer, Elses Schwester Gisela mit ihren drei Kindern. Einen Vater dazu gab es auch, aber der hatte sich schon vor Jahren mit einer anderen Frau davongemacht.

So saßen sie alle brav und bieder auf ihren Stühlen und die Kinder fochten ihre Unruhen unter dem Tisch aus. Gelegentlich durchbrachen Schreie die besinnliche Stille, wenn wieder einmal ein Schienbein getroffen wurde. Das Essen wurde allgemein gelobt, obwohl Bruder Heinz – bei den Kindern als „Onkel Schluck" bekannt – meinte, mit etwas Rum hätte die Sache noch abgerundet werden können. Tante Agathe und Tante Olga verdrückten schon bei Tisch ein paar jungfräuliche Tränen und murmelten immer wieder: „Dass wir das noch erleben dürfen, dass wir das noch erleben dürfen." Was sie damit meinten, wusste niemand.

Die Kinder packten ihre Geschenke aus und verschwanden schnell in ihren Zimmern, während die Erwachsenen zum gemütlichen Teil übergingen. Bier und Wein wurden verkostet und die von Onkel Heinz mitgebrachten Zigarren schwängerten die Luft mit weißschwarzem Qualm. Als dann gesungen werden sollte, die ersten Töne den weihnachtlichen Raum beleidigten und der Kanarienvogel in sein Vogelhäuschen verschwand, war die Stimmung fast auf dem Höhepunkt angelangt. Onkel Heinz sang wie immer falsch und die Tanten Agathe und Olga kreischten wie zwei stumpfe Kreissägen. Vater Kötterheinrich hatte sich längst auf die Toilette verabschiedet und war in der nächsten Zeit nicht zu erwarten. Nur Else und Gisela sangen stimmig. Else schaute mit verklärt glasigen, weihnachtlich umflorten Augen an die Decke und hoffte wohl, einen Engel zu sehen − oder inspizierte doch nur die Raumecken, um nach Spinnennetzen zu suchen, die ihre weihnachtliche Putzorgie überlebt hatten.

So endete Weihnachten bei Kötterheinrichs wie immer. Der stark alkoholisierte Onkel Heinz verbrachte die Nacht im Sessel, weiter trugen ihn seine Beine nicht mehr. Tante Agathe und Tante Olga schwebten im Partnerlook, einem aus Schafswolle gefertigten, bodenlangen Nachthemd, über den Flur in ihr Zimmer. Die Kinder hatten sich auf ihrem Luftmatratzenlager niedergelassen. Schließlich senkte sich tiefer, zeitweise unterbrochener Friede – Vater Kötterheinrich schnarchte gewaltig – über das weihnachtliche Haus. Else knipste das Licht aus, nachdem sie zuvor noch einen langen Blick auf ihr geliebtes, schnarchendes Ungeheuer geworfen hatte. Weihnachten war geschafft, und bald umfing auch Else die Barmherzigkeit des Schlafes. In dem Bewusstsein, ihren Lieben eine Freude bereitet zu haben, sank sie hinab ins Reich winterlicher Träume.

Gefühle
—
Ein Spiegel der Seele

„Der Morgen" – Aquarell von Andrea Sielhorst

Déjà-vu

von Dana Martinschledde

gefangen
bin hier eingesperrt in
giftiger Erinnerung
wie lange darf ein
Schmerz dauern
wie tief kann ein
Stachel sitzen
reißen schmettern sich verlieren
in sterbenden Gedankengängen
raus hier nur
raus

du da vorne
hör mal her
ich seh dich aber seh dich
nicht ich hoff ich hab dich
nicht verletzt
Angst
hast du Angst?

ich lüg ein lächelnd nein heraus
innerlich zerfrisst es mich
sag, hat es dich berührt
dich mit deinem Herz aus Stein
mich still mit unendlicher Pein
wie kannst du daran denken in
deiner schimmernden Zuckerwelt
verschwendest einen Glasgedanken
ganz allein an mich?
so einsam ich bin
viel zu blind

mein Herz war offen und
deins aus Stein
schlichst dich in meine
Seele hinein
die Blutspur der du heute folgst

wann stößt du auf das tote Mädchen?

Arroganz

von Anna Feichtinger

Hoch zu Ross kommt die Dame daher
als ob auf der Welt allein sie wär.
Im Mittelpunkt will steh'n diese Frau
kleidet sich wie ein schillernder Pfau.
Spott und Hohn in ihren Augen
die Nase hoch, kaum zu glauben.
Gänzlich ist sie in sich selbst verliebt
Fehler sie stets bei anderen sieht.
Mir wird so kalt in ihrer Nähe
umsonst nach ihrem Herz ich spähe.
Diese Frau ist mir nicht gewogen,
ich mach um sie 'nen großen Bogen.
Was sie hat gesät, fällt ihr in den Schoß –
der Fall am Ende ist dennoch ihr Los.

Glück

von Andrea Sielhorst

Du berührst die Erde nicht
hast kein messbares Gewicht
schwebst mit deinem blaugrünen Kleid
im Licht der Sonne über'm Leid
du mit deinen sanft-grünen Augen siehst mich immer
du willst stets mich beschenken und vergisst mich nimmer
holst aus den weiten Taschen deines Kleides
Schätze um sie mir zu geben
ich will leicht werden wie du um gemeinsam mit dir
zu schweben ins Leben

Verlust

von Ann-Christin Christoffer

Seine Lungen brannten, der Atem, der sich aus seiner Kehle befreite, umschlängelte die kühle Nachtluft und verband sich mit ihr zum Tanz, um nach einem Atemzug zu verschwinden und Neuem Platz zu machen. Die Luft stach ihm in den Körper, umschlang ihn mit kalten Fingern. Er war gerannt. Gerannt, Meter für Meter, jeden Schritt darauf angelegt, ihn dahin zu befördern, wonach sein einsames Herz sich sehnte, was sein Kopf aber noch nicht zu erkennen vermochte. Jeder Schritt über todeskalt gefrorenen Boden, jeder Schritt voller Hoffnung einer verlorenen Seele, die sich zum letzten Existenzkampf aufbäumt. Nun stand er da. Die Hoffnung wallte wie sein Atem in der Dunkelheit, wurde dünner, schwächer, verschwand.

Er sah seine Welt. Eine mystisch-geheimnisvolle Welt, voller Komplexität und Schönheit. Seine Welt, war er ihr Schöpfer oder ihr Sklave? Was war echt, die Realität, was war erschaffen von ihm, dem Baumeister der Gedanken? Seiner Gedanken.

Er sah den Fremdkörper in dieser Welt. Seiner Welt. Voller Unnatürlichkeit für ihn, entgegen der Natur, seiner Natur. Er betrachtete die Grenze seiner Welt, seiner Hoffnung, sah, dass sich sein Herz längst über sie hinweggesetzt hatte.

Er begann, seine Welt zu hassen. Seine Welt, die ihn ausmachte, die Teil von ihm war, denn er konnte sie nicht verlassen. Er hatte sich selbst gefangen, Geisel seines Kopfes, der das Herz so sehr braucht. Er war verzweifelt. Wann würde die Gleichgültigkeit folgen? Die Leere?

Er sah sie gehen mit ihm, dem Fremdkörper. Er sah, doch war ohnmächtig. Er war ein Gefangener seiner selbst.

Und er war zu spät.

Er legte den Kopf in den Nacken und schrie. Sein Heulen war ein Lied von Verlust und Schmerz, denn er hatte das verloren, was er liebte, was er mehr als alles andere liebte und dies wurde ihm nun erst bewusst. Er dachte nicht, dachte nicht über seine Fehler nach. Er heulte bloß dem Mond entgegen, ließ sich vom Schmerz erfüllen und dies noch lange, nachdem sie gegangen war.

Der Sieg nach tausend Niederlagen

von Andrea Sielhorst

„Die Staubflöckchen im Sonnenstrahl glitzern wie deine trüben Augen früher", dachte er und sah nachdenklich zwischen ihr und dem Garten hin und her. Sie waren schon fast fünfzehn Jahre zusammen und hatten sich inzwischen zu einem eingespielten Team entwickelt. Sie verstanden sich ohne Worte und in manch einer kalten Nacht hatten sie sich gegenseitig gewärmt.

Sie war eine treue, liebe Seele und er wollte sich kein Leben ohne sie vorstellen. Nun aber war ihm, als könnte er ihre Angst riechen, förmlich spüren – ähnlich einer starken Elektrizität schien sie in der Luft zu liegen.

Wie ein Sieg nach tausend Niederlagen, so hatte er es damals empfunden, als sie in sein Leben trat. Jetzt waren ihre Augen trüb und sie bewegte sich nur noch langsam. Er strich ihr über den Kopf, ihre Nase war kalt und das Fell warm und weich. Ja, das war seine Miki, seine treue Hündin. Nie, das versprach er still, würde er sie vergessen.

Die Frau auf dem Deich

von Hildegard Thate

Tosende See, brodelndes Wasser, peitschender Regen
stört sie nicht
sie schreit, heult, brüllt, klagt
ihren Schmerz hinaus
Der Tod, gnadenlos, erbarmungslos
hat ihn genommen,
genommen ihren Mann, Beschützer, Mentor,
feinfühlig und sensibel
Was nun?
Zur Ruhe kommen?
Vergessen?
Wie geht das?
Zur Ruhe kommen?
Wie?
Das Leiden ertragen –
wie?

Dein Schlüsselbein
von Dana Martinschledde

Meine Zunge ist angeschwollen
und die Nacht hat mich verhöhnt
blick ich in ihre schwarzen Augen
zeigt sie mir, dass Liebe fehlt

Ich schweig sie an, sie soll das lassen
die Stille nebelt meine Sicht
bündelt Trägheit in den Schatten
gönnt mir meine Worte nicht

Dein Schlüsselbein ein Unschuldsbruch
in eingesperrter Finsternis
fremde Hände auf meiner Haut
ein Meilenfels im Lebensfluss?

Dich sah ich und dich nahm ich mit
in meine Woge Einsamkeit
nun sitzt in meinem Chaoskopf
ein stilles Stück Vergangenheit

Es pocht mit jedem Atemzug
durch mein wundes, blaues Blut
du hast Scherben hinterlassen
Flammen statt der Alltagsglut

Der Zauber eines off'nen Herzens
ein Windstoß frischer Neulandsluft
eingewehte Fluchterlaubnis
später die Gedankenkluft

Zerrissenheit der Illusion
unterdrückter Sehnsuchtsschmerz
hab ich mich etwa selbst belogen?
blutet doch mein stilles Herz?

Wie kann ich's wissen, kann ich's sehen
ich sage mir, es tut mir leid
dass ich wünscht du wärest hier
wiegtest mich in der Dunkelheit.

Gefühle im Glas

von Hans-Wolfgang Wieners

Eine leichte Brise ließ den Sand wie einen Schleier über den menschenleeren Strand huschen. Nur ein einsamer Mensch hockte dort, die Knie angezogen und von seinen Händen umschlungen. Sein Blick verharrte in der Ferne, erreichte den Horizont mit der untergehenden Sonne, die rotglühend im Meer zu versinken schien.

Seine Gedanken konnte er nicht kontrollieren, sie wogten hin und her. Auch die Vergangenheit mit ihren Ereignissen konnte er nicht vergessen. In dieser Stille, die nur vom leisen Rauschen der auslaufenden Wellen am Strand durchbrochen wurde, waren sie allgegenwärtig.

In dem noch warmen, feinen Sand ertasten seine Hände plötzlich etwas Hartes, Glattes. Ein Glas. Er hob es hoch und hielt es gegen das Licht – es war leer. Während er es eindringlich betrachtete, kam ihm ein Gedanke. Man müsste das Glas mit all den Dingen füllen können, die einen belasteten und das Leben schwer machten, um sich endlich von ihnen befreien zu können.

Welch unsinniger Gedanke – oder doch nicht?

Was müsste man nicht alles in dieses Glas stecken, überlegte er. Wäre es nicht doch zu klein? Er hielt inne. Dann erfasste ihn auf einmal eine tiefgreifende Unruhe und er begann, alles in das Glas hineinzustopfen, was sich in den letzten Jahren aufgestaut hatte. Seinen Zorn, seine Enttäuschungen, seine Verluste, all seine Erinnerungen. Es war ihm egal, dass man sagte, Erinnerungen seien wie Sterne, die im Dunkel des Lebens leuchteten – seine Sterne waren schon lange verblasst. Er hielt seine Hand über die Öffnung des Glases, das er mit seinen Gefühlen gefüllt hatte.

Sollte er die Hand wegnehmen, kämen die Ereignisse alle wieder heraus wie böse Geister aus einer Flasche. Daher warf er das Glas schnell in hohem Bogen ins Meer. Nur ein leises Gurgeln war noch zu hören, ehe es vom Wasser verschluckt wurde. Lange noch schaute er auf die Stelle, an der all seine ruhelosen Gedanken und Erinnerungen versunken waren. Waren sie nun wirklich fort? Er wusste es nicht, wollte der Zeit vertrauen, die manches heilen konnte und die entstandene Leere womöglich mit Gutem füllen würde.

Er fröstelte. Aufkommender Wind zerrte an seiner Kleidung. Vorsichtig stand er auf und ging davon, erst langsam, dann aber immer schneller, so als hätte ihn das gefüllte Glas von den Sorgen befreit, die nun am Meeresgrund lagen und ihn nicht mehr bedrückten. Das Bild des Versenkens begleitete ihn in den nächsten Tagen und allmählich begann er, sich wieder auf das Positive zu konzentrieren.

Angsthimmel

von Dana Martinschledde

und es riecht wie vor einem Gewitter
und es fühlt sich an wie die Ruhe vor dem Sturm
es fühlt sich an als müsse die Welt
versinken

und ich will Blitze am albtraumschwarzen Angsthimmel
ich will Licht im nachtewigen Stilledunkel
ich will mit Worten um mich werfen
egal wer hinter mir
schreit
rennen stolpern wieder aufstehn
um mein Leben laufen
vor meinen Gedanken weg bis ich
einschlafe

einschlafe
bemalt mit zuckenden Blitzen
umhüllt von violettem Licht
in meinem Bett aus Wortfetzen
leise Leere
für immer für
jetzt

Heißer Brei für Fortgeschrittene

von Hildegard Thate

Meine geliebte Honigbiene,

seit vierzehn Tagen hängen meine Gedanken nur an einer Person: an dir, du Geliebte. Mein Lebensrhythmus findet nicht mehr statt. Die Sehnsucht nach dir, deinem wohlgeformten Körper, deinem Duft und deiner süßen Stimme lässt mich kaum noch atmen. Meine Träume sind erfüllt von dir, nachts fühle ich deine weichen Hände auf meinem Körper, während der laue Nachtwind durch das geöffnete Fenster streicht. Ich spüre dich neben mir, deine kühle Haut an meinem heißen Körper. Was hast Du mit mir gemacht? Es waren wunderbare Wochen, die uns eins werden ließen. Nie habe ich solche Gefühle gespürt, Gefühle des Geborgenseins, der übergroßen Liebe und des gegenseitigen Vertrauens. Und all das soll ich nun nicht mehr spüren, weil du einfach gegangen bist?

Es war wie ein Todesstoß, der mich mitten ins Herz getroffen hat und der eine unbeschreibliche Leere entstehen ließ. Ach, Geliebte, du gehörst doch zu mir! Habe ich nicht alles für dich getan? Dich liebevoll umsorgt, verhätschelt, dir alle Arbeit abgenommen? Du und ich: wir sind doch eins! Ich kann dir nicht wehtun, ohne mich selbst zu verletzen. Natürlich sollst du eine Auszeit nehmen, aber denkst du auch an mich, an meine Gefühle? Sei getrost, mein Vertrauen in dich ist grenzenlos, ebenso meine übergroße Liebe. Ja, ich fühle, dass du zu mir zurückkommen wirst, dass auch du nicht allein sein kannst, dass die Sehnsucht dich auffrisst. Meine Tür steht immer offen für dich.

Aber, Honigbienchen, bring doch bitte die große Teflonpfanne wieder mit!

Es grüßt und kost dich inniglich

Dein Hummelchen

Milchglasaugen

von Dana Martinschledde

blaue augen beschlagen wie milchglas
nebeltriefend weiße wälder
weder anfang noch das ende
blasse klamme kältehände

festgeklebt an gefrorener erde
taubheit in gedankenschleiern
hast zu lang in den zeilen gesessen
dich irgendwo dazwischen vergessen

beruhigt wenn du in deinem kopf
an die finstersten orte fliehst
die keiner jemals finden wird
der sich nicht in deine seele verirrt

sonnenflecken rings herum
versuchst nicht mal sie zu erhaschen
schläfst im tiefen schatten weiter
ewig nur erkannt als zweiter

scheinbar ist dir das egal
seit jahren kennst du nichts anderes mehr
unnahbarer spiegelsplitter
unberührt vom liebesgewitter

du brauchst es nicht
das falsche Licht
die blicke stumpf wie kalksteinfelsen
von ausgerenkten pfauenhälsen

lieber erfrierst du hier im schnee
tränkst eiskristalle mit rotem blut
deine lippen ein zitternd strich
von denen einst die farbe wich

sollen sie lachend leben
sollen sie verzweifelt sterben
du gehörtest niemals dazu
so einsam ungerührt aber du

lügst
wenn es dich innerlich zerfrisst
einen schritt zu weit gegangen
mit dem zweifeln angefangen

ohne sonnenflecken
siehst du dein blut nicht mehr
sie ziehen aus deinem wald hinaus
doch du kommst niemals wieder raus

nachts das bild des sternenhimmels
erinnerung an verglühende träume
hörst ihre asche herabrieseln leise
sperrst dich in deine teufelskreise

und dein herz schwillt stumm weiter an
stiehlt die luft aus deinen lungen
raubt die tränen aus deinem gesicht
bloß deine augen erreicht es nicht.

Schmerz

von Hans-Wolfgang Wieners

Am Horizont ein Blütenschimmer
Die Luft ist voller Hitzeflimmer
Die Ähren wogen sanft im Wind
Blütenstaub treibt hier geschwind.

Es war als hätt' der Himmel
Die Erde still geküsst
Berührt mit sanfter Hand
Streicht am Feld entlang.

Flog durch das stille Land der Schmerz
Wie aus der Brust gerissenes Herz
Wäre sie doch jetzt zu Haus
Hätt' ein Ende all ihr Graus.

Gleich dem Blütenstaub der Ähren
Hätt' sich aufgelöst der Schmerz
Und die Seele wäre frei
Doch ihr Leben ist entzwei.

Ein Märchen aus alten Zeiten

von Ann-Christin Christoffer
in Anlehnung an „Ich weiß nicht, was soll es bedeuten"
von Heinrich Heine, 1832

Ein Märchen aus alten Zeiten
Er schaut nur hinaus in die Höh'
ließ sich einst von Adlern begleiten
Das Herz voll von Fernesweh

Der Gipfel des Berges funkelt
und funkelt für ihn ganz allein
Sein Lebenslicht ganz heimlich dunkelt
in dem Abendsonnenschein

Noch eh' er zuende gedacht
zwei Raben ihn nun geleiten
Ein Märchen aus alten Zeiten
ganz sanft umhüllt ihn die Nacht

Nähe und Ferne

von Hans-Wolfgang Wieners

Im Restaurant „Zum Hirschen" waren, wie immer am Samstag, die meisten Tische besetzt. Stimmengewirr erfüllte den Raum und Rauch schwängerte die Luft, ein Grölen und Lachen drang durch die geöffneten Fenster in die Nacht hinaus. Ständig öffneten und schlossen sich die Türen und Menschen strömten ein und aus, die Kellnerinnen waren kaum in der Lage, ihre Arbeit zu überblicken. Else, die Wirtin, stand im Raum wie ein Fels in der Brandung und überwachte das geschäftige Treiben. Ihr Mann, der Wirt Otto, war an der Theke voll beschäftigt.

Da ging wieder einmal die Tür auf und ein altes Ehepaar aus der Nachbarschaft, Anna und Hubert, betrat das Restaurant. Sie kamen samstags immer zum Essen her.

Wirt Otto konnte sich ein Schmunzeln nicht verkneifen, als er die beiden sah. Auch andere Gäste lächelten verstohlen und warteten gespannt auf das, was sich heute Abend ereignen würde. Hubert, der zunächst einmal schauen wollte, ob Bekannte anwesend waren, kam gar nicht dazu: Anna dirigierte ihn ohne Umschweife zu einem freien Tisch. Ehe er sich versah, hatte Anna ihn schon auf einen Stuhl gedrückt. Mit gerunzelter Stirn wollte sie ihrem Ehemann etwas sagen, doch Hubert schien nicht gleich zu verstehen und griff nach der Speisekarte. Sofort nahm Anna ihm die Karte aus der Hand, warf einen flüchtigen Blick darauf und rief nach einer Kellnerin. Natürlich übernahm sie die Bestellung – wie immer. Hubert musste das essen, was seine Anna für ihn ausgesucht hatte.

Auf den schüchternen Versuch Huberts, ein Bier zu bestellen, reagierte Anna mit einem energischen „Nein!" und wies ihn augenverdrehend darauf hin, dass er an seine Gesundheit denken müsse. So gab Hubert sich mit einem Glas Wasser zufrieden. Als dann das Essen serviert wurde, hörten die Zurechtweisungen nicht auf: Ständig bemängelte Anna etwas an Huberts Essverhalten. Fand keine einseitige Unterhaltung statt, herrschte zwischen den beiden lebloses Schweigen.

Die anderen Gäste hatten diese Szene mit Genuss beobachtet. In der Nachbarschaft war das Ehepaar als unzertrennliches Zweiergespann bekannt, in dem Anna stets die Führung übernahm.

Nähe oder Ferne – was würde man dem Ehepaar raten?

Sie saßen schon lange zusammen. Des Öfteren hatte eine Kellnerin versucht, ihre Bestellung aufzunehmen, doch abgesehen von den Kerzen und einer unangerührten Wasserflasche war der Tisch gänzlich leer. Er hielt ihre Hand und an ihrer Gesichtsröte konnte man erahnen, dass er schwärmerische Liebesworte in ihr Ohr flüsterte. Verträumt himmelten sie sich an und konnten nicht voneinander lassen. Ob sie überhaupt etwas zu essen brauchten, war sehr fraglich. Als dann später doch die Gerichte serviert wurden, schoben sie sich gegenseitig kleine Fleischstücke in den Mund.

Da sie am Nachbartisch von Anna und Hubert saßen, blieb das Turteln der beiden dem Ehepaar nicht verborgen. Anna konnte sich nicht zurückhalten und machte eine Bemerkung, die von den Verliebten nicht wahrgenommen wurde – von Hubert aber sehr wohl.

Nähe zu seiner Zeit, Ferne zu seiner Zeit?

Tinte meiner Seele

von Dana Martinschledde

mit angezogenen Knien
und lügentriefenden Raucherlungen
sitz ich im kalten
feuchten Gras
ich brenne meine Träume nieder
schau zu wie sie zu Asche zerfallen

alles was ich habe jetzt ein
glutschwelendes
Papiertaschentuch
an den Rändern schwarz wie
Pech
Trauer
heißer Asphalt
schwarz wie
die Nacht über meinen
versengten Haaren
frisst sich durch das
Blütenweiß

viel zu schnell vorbei
denke ich
alles viel zu schnell vorbei
das Feuer
die Nacht
dieser Moment
und mein Papiertuch brennt

brennt nicht allein denn
die Flammen zerfressen mein
Blut
die Tinte meiner Seele mit der ich meinen Wunsch
auf das Taschentuch geschrieben habe
einen einzigen winzigkleinen
Riesenwunsch

Flugzeuge zwischen elfenweißen Perlen
am nachtblauen Seidenhimmel
mein Wunsch im Feuer
mein Mund versiegelt
mit einem Lächeln bis in die
Unendlichkeit

Man sieht nur mit dem Herzengut
von Anna Feichtinger

Ein Mägdelein noch jung an Jahren
in Sachen Liebe unerfahren
auf der Suche nach 'nem Lover
zieht's sein Mieder immer straffer

Nur gibt es Kerle reich an Zahl
und wer die Wahl hat, hat die Qual:
Dicke, dünne, große, kleine,
schwarze, weiße, grobe, feine,
glatzköpfige, rassige und bleiche,
faule, fleißige, arme und reiche,
mancher im Geruch der Heiligkeit steht,
einmal entlarvt ist sein Charme bald verweht.
And're sind mehr Weib als Mann.
Wer da noch durchblicken kann?

Die Maid sieht vor lauter Bäumen den Wald nicht mehr,
so wird die richtige Wahl für sie sehr schwer.
Worauf es wirklich ankommt gerät aus dem Blick –
zum Wesentlichen vordringen wäre geschickt.

Halt's lieber mit dem „Kleinen Prinzen",
der zum Fuchs sagt – das ist wahr:
„Man sieht nur mit dem Herzen gut,
das Wesentliche – unsichtbar."

Nur nicht weinen

von Andrea Sielhorst

Sie saß am Tisch ihrer kleinen Küche. Eine Hand zerknüllte ein feuchtes Papiertaschentuch, mit dem sie ab und an ein paar heiße Tränen von ihren Wangen wischte, die Andere hielt ihren dröhnenden Kopf. Wellen beißenden Schmerzes fraßen sich durch ihr Herz, ihre Lunge verkrampfte sich und sie würgte an ihren Tränen. Wieder und wieder ging es so, bis das Ärgste vorüber war und sie in Gedanken den vergangenen Nachmittag durchlebte, um die Geschehnisse zu verarbeiten und für sich einzuordnen.

Sie war zu empfindlich, hatte ihre Mutter immer gesagt. Zu nah am Wasser gebaut. Sie spürte, dass sie anders war, nicht so robust wie die Anderen. Ablehnung schmerzte nicht nur, sondern ließ sie gleich an ihrer Lebensberechtigung zweifeln. Es gab eine Zeit im Leben, da war sie fast wie die Anderen, glücklich und stark und nicht mehr zweifelnd. Das war die Zeit mit Ulrich. Sie liebten sich. Und wie die Sonne den Nebel auflöst und keinen Platz für die Dunkelheit lässt, so erhellte Ulrich ihr Leben und ließ sie aufblühen.

Doch nichts währt ewig und genau so, wie die Sonne weiterwandert, ging auch Ulrich eines Tages und ließ sie zurück. Allein und nur auf sich selbst gestellt kamen die dunklen Gedanken wieder. Die Unsicherheit und das Gefühl der Unzulänglichkeit machten sich wieder in ihr breit, als wären sie nie fort gewesen, hätten nur kurz Platz gemacht. Jeden Tag musste sie sich jetzt wieder aufraffen, jeden Tag wieder zusammensetzen um zu versuchen, wie die Anderen zu sein und zu bestehen.

Heute Nachmittag war sie zu einem Frauen-Treff gegangen. Die Anderen schienen sich schon länger zu kennen und nach der Begrüßung unterhielten sie sich angeregt miteinander. Sie lachten und scherzten. Ab und an streiften sie die Blicke der Frauen. Niemand wandte sich ihr zu, sprach sie an. Sie saß stumm am Rande. Binnen weniger Augenblicke und mit voller Wucht kehrte das Gefühl der eigenen Wertlosigkeit wieder zurück. Tränen stiegen in ihre Augen und ihre Lippen begannen zu zittern. Sie kämpfte um ihre Fassung – nur nicht hier weinen! Sie fixierte einen Fenstergriff gegenüber. Warum nur war sie hergekommen? Ihre Umgebung schwankte und ihr wurde übel. Sie konzentrierte sich weiter und es gelang ihr, bis zum Ende der Kaffeerunde durchzuhalten. Erst hier am Tisch ihrer kleinen Küche brach ihr eigenes Elend mit voller Wucht über ihr zusammen.

Sie war allein.

Eine menschgewordene Angst
von Hans-Wolfgang Wieners

Er stürmt herein mit schnellem, stechendem Schritt
Seine Miene undurchdringlich blickt
Kalt und freudlos blinzeln hinter kalten Gläsern
Ausdruckslose Augen umher
Seine Aktentasche ist prall gefüllt
Er wird sie öffnen bald
Gespannte Erwartung pulsiert im Raum
Doch erfüllen wird sie die stillen Wünsche kaum
Gesichter blicken gespannt auf ihn
Doch bald schon fließen Tränen herab
Kein Trost, keine helfende Hand in Sicht
Wird er sie wieder schlagen ins Gesicht
Mit seiner knorrigen, harten Hand?
Vielleicht heute nicht, aber morgen dann
Wenn böse Laune ihn überfällt
Der Stock dann auf dem Rücken tanzt
Tränen stürzen herab
Und verbreiten große Not

Zwiespalt

von Anna Feichtinger

Sehnsucht zieht ihn hinaus aus engen Gassen,
schwer drückt die Last, die Liebste zu lassen,
fragende Augen auf dem Weg durch die Stadt,
sein Schritt ist schleppend, langsam und matt.

Doch die Welt wird schöner mit jedem Tritt,
befreit seine Seele, die so sehr litt.
Grün schimmernde Höhen und schweigender Wald
geben dem Herzen den verlorenen Halt.

Schon taucht er ein in die Einsamkeit,
ein Labsal der Bäume gefärbtes Kleid.
An den stillen Waldesseen bleibt er steh'n,
hier gibt es ein wahres Schauspiel zu seh'n.

Birken spiegeln sich wie weiße Arme in tiefem Schlund,
verführerisch lockt mit leisem Seufzen ein roter Mund.
Der Mund, die Arme wollen ihn umgarnen,
es fällt ihnen leicht, sich im Waldsee zu tarnen.

„Hier unten ist Ruh' und wir wären vereint",
flüstert das Trugbild – und Hoffnung keimt.

Doch er wendet sich ab und geht seinen Weg,
sein Sinnen und Trachten auf Freiheit steht.

Sehnsucht

von Hans-Wolfgang Wieners

Weihnachten – das Fest der Freud
Weihnachten – das Fest des Friedens
und der Besinnlichkeit.
Oh, welch schöne Worte
Ich hör sie nicht mehr klingen
Sagt mir doch, oh sagt:
Wer ließ sie mir entschwinden?
Wer nahm mir diese Freud
jene Freud der Stille und Geborgenheit
Gib mir Antwort, du hohe Macht
was tat ich unrecht
wie hol' ich sie zurück?
Oh, ich sehe, wehe, wehe,
wie weit liegt doch dieses Glück.
Darf ich denn niemals mehr hoffen –
muss ich verbergen meinen Schmerz ein Leben lang?

Ach, du schweigst
und sagst kein Wort,
kein Wort des Trostes und des Hoffens.
Lass mich nicht ganz alleine
will mit dir nicht hadern
will mich deinen Händen anvertrauen
und auf dich bauen.

Die schmerzhafte Liebe des Caspar Curtius

von Hildgard Thate

Der Juni-Mond streichelt sein Gesicht,
ein lauer Windhauch streift durch das Zimmer,
doch Caspar genießt die Idylle nicht,
was heut' geschah, begreift er nimmer.

Und er windet sich auf seinem Lager,
vor Liebe todeswund.
Was heut' geschah, nahm seinem Leben Sinn.
Er spürt ihre Lippen auf seinem Mund,
doch sie ging fort, sie ging dahin!

Der Schlaf will ihn nicht übermannen,
das Mondlicht streichelt sein Gesicht,
ein Seufzer entringt sich seiner Kehle –
doch Ruhe find' er nicht.

Am Fenster einsam er steht
und hört aus der Ferne
die Nachtigallen schlagen.
Sie mochte sie doch so gerne!
Er mag jetzt nicht verzagen.

Er hofft, all das sei nur ein Traum
und sucht des Gartens kühle Luft.
Das Käuzchen ruft im weiten Raum.
Doch da, der wohlbekannte Duft!

Ein leises Lachen streift sein Ohr.
Er dreht sich um und spricht zu sich:
„Du bist ein Tor –
glaub es doch nicht!"

Doch steht sie wahrhaftig vor ihm –
lächelnd mit eisblauen Augen.
Nun schmilzt er dahin
und kann es nicht glauben!

Sein Lieb zeigt Reue!
Lässt sich umfassen.
Schwört ihm die Treue –
nie will er sie lassen!

Falten

von Dana Martinschledde

Eine zarte Gänsehaut, ein verschlafener Morgen. Sand in den Augen, Belag auf den Zungen. Warmer Atem und saurer Speichel im Mund. Es ist kalt, und ich will die Augen nicht öffnen. Auch nicht das Fenster. Egal, wie verbraucht die Luft ist. Jetzt, wenn man nach Sauerstoff lechzt. Und nach Nähe. Ich atme aus. Die Gänsehaut kriecht meinen Rücken hinauf, streift jeden einzelnen Wirbel, legt sich wie eine eisige Hand in meinen Nacken. Ich wüsste zu gern, wo der Rest der Bettdecke ist. Wo ich bin.

Der Morgen ist zu früh, zu unberührt. All die Nervenbahnen in meinem Gehirn, die arbeiten und klare Gedanken formulieren sollten, sind verstopft von klebriger Müdigkeit. Ich möchte mir nicht die Mühe machen, sie freizuschaufeln. Noch nicht. Will meine Trance behalten, nur noch ein bisschen, ein paar Minuten.

Ich möchte lächeln, aber mir fehlt etwas. Da ist keine Berührung, kein Herzschlag. Es ist kalt und leer hier, genau hier, genau jetzt, ohne Bettdecke in verbrauchter Luft. Hinter meinen Lidern tanzen Strahlen der Morgensonne. Sie muss durch die neue, veilchenblaue Gardine brechen, denke ich. Und das Licht sammelt sich auf dem Laminatboden, in den staubigen Ritzen. In Haaren. Und in Augen. Mein Verstand erwacht und ich kann nichts dagegen tun. Ich bin machtlos, wünschte, ich könnte ihm befehlen, weiterzuschlafen. Warum aufstehen? Warum nicht ewig so liegen bleiben und die Welt eine Welt sein lassen, irgendeine? Ich gehöre nicht dazu.

Wo bist du?

Die Worte knüllen sich in meinem Kopf zusammen. Sie rieseln an meiner Stirn hinunter, wie Goldstaub, Meeressand, und legen sich auf meine Lider, sammeln sich dort, bis sie erzittern. Ich öffne meine Augen. Blinzele. Gebissen vom Sonnenlicht. Frierend im Leerraum. Glatte Gesichtszüge. Schenkst du mir Falten, endlich? Gekräuselte Mundwinkel?

Ein Lächeln – genau jetzt?

Erste Liebe

von Anna Feichtinger

Sie hat ihn noch nicht oft gesehen. Sein zärtlicher Blick, seine Gesten, die wenigen liebevollen Worte haben sie verzaubert. Margarita ist in ihrem Wesen still und zurückhaltend. Sie fällt nicht auf, ein Mauerblümchen. Die große Liebe ist ihr bis jetzt noch nicht begegnet. Das hat sich mit einem Schlag geändert: In vertrauter Zweisamkeit lernt sie ihn immer besser kennen. Sie weiß nicht, wie sie ihm ihre Gefühle mitteilen soll – am besten durch einen Brief. Sie schreibt:

Mein lieber Freund!
Seit du in mein Leben getreten bist, hat sich die Welt verändert. Meine Ängste und bangen Fragen haben sich in Freude und Glück verwandelt. Wie grau und eintönig war doch mein Leben ohne dich. Wenn ich in deine Augen schaue, kommt es mir vor, als würde ich in einen smaragdgrünen Waldsee eintauchen. Ich werde ruhig und fühle mich geborgen. Dein herzhaftes Lachen und feines Lächeln wirken ansteckend und zaubern auf das Antlitz der Menschen einen Widerschein des Frohsinns.
Wie liebevoll und geduldig kannst du mit Kindern umgehen. Ihre kleinen Nöte wischst du mit einer Handbewegung aus ihren traurigen Gesichtern. Du kannst dir kaum vorstellen, wie mich das in der Tiefe meiner Seele berührt. Stets fragst du nach meinen Wünschen und Interessen, sei es bei der Auswahl eines Films, eines Wanderziels oder beim Aussuchen von Speisen. Eigennutz ist dir fern.

Mein Glück und mein Wohl liegen dir stets am Herzen – danke!
Auf einem Kalenderblatt las ich einmal: Liebe ist nicht das, was man erwartet zu bekommen, sondern das, was man bereit ist zu geben. Durch dich habe ich das Wunder der Liebe erlebt.
Ich bin bereit, dir alles zu geben.
Deine Margarita

Sie hat den Brief nie abgeschickt.

Im Küstensturm

von Dana Martinschledde

In deinen Augen spiegelt sich
das nachtschwarze Meer
tintengefärbt und wortlos
im Augenblick einer Sekunde
dem Augenblick deines Lebens

die Finsternis stiehlt
deine mondblasse Haut
gegossener Marmor, so zart
dass meine Fingerspitzen sich heben
um nach dir zu suchen

es ist so dunkel
dass ich nicht seh
nicht meine Hand und nicht deine Lippen
die ich zu treffen
so sehnlich wünsche

die Spur von Salz auf deinem Mund
das Meer? der Wind?
oder doch eine Träne?
ich wünschte, ich könnt sie dir nehmen
wünschte, ich wüsste, weshalb

kalt wäre die Berührung
taub und leer, unerfüllt
das weiß ich, während ich hier steh
im Küstensturm, das Haar im Wind
die Hand schwebt einsam in der Luft

fragst du mich wonach sie sucht?
wie würde deine Stimme klingen?
ein Sturmbrausen im Weltentoben
ein Donnerschlag aus deiner Kehle?
ich weiß es nicht, ich weiß es

ich sehe es in deinen Augen
ich sehe dieses feuchte Glitzern
ein schwarzer See am Seelengrund
dessen Oberfläche ist es
die ich seh und die mich trägt

mein Blick verschwimmt im Tränenschleier
oder ist es nur des Wassers Gischt?
ich sehe dich, klarer als immer
in diesem blassen Mondesschimmer
zum letzten Mal bevor du

Zeit

—

Der Spiegel zwischen Gestern und Morgen

„Tannen" – Aquarell von Hans-Wolfgang Wieners

Erwachen

von Hans-Wolfgang Wieners

Die ersten Sonnenstrahlen huschen
zwischen die Häuser und vertreiben
das Dunkel der Nacht.
Sie bedecken den nassen Asphalt
und verwandeln die Regenpfützen
der vergangenen Nacht
in ein silberglitzerndes Meer.
Dünne Nebelwolken steigen empor
und die Straßen werden zur geheimnisvollen Welt.

Ein paar Tauben trippeln gurrend über die Straße,
um nach ein paar übrig gebliebenen Brotkrumen
des vergangenen Tages zu suchen.
Ihre kleinen Köpfe nicken bei jedem Schritt,
so als wollten sie sich bedanken,
für jedes Korn, das sie finden.

Von der nahen Kirche
schlägt die Turmuhr die Zeit an.
Einen Augenblick scheint der Klang
in den Straßen und zwischen den Häusern zu verweilen,
um dann aber zu verklingen.

Eine Katze kehrt von ihren nächtlichen Raubzügen heim,
scheu und lauernd blickt sie zu allen Seiten,
schnell verschwindet sie durch eine offen stehende Tür.

Der hohle Klang eiliger Schritte
unterbricht die Stille des Morgens.
Die ersten Besucher tauchen auf
und belegen die Tische und Stühle der Cafés.

Fenster öffnen sich,
damit die Frische des Morgens hereinströmen kann.
Eine Stadt wird wieder erwachen,
wie jeden Tag, mit Sorgen und Lachen.

Das Zaubergläschen

von Anna Feichtinger

An einem lauen Frühlingstag im Mai sitze ich auf einer Bank in Stromberg und genieße die letzten Sonnenstrahlen. Meine Augen schweifen über das weite Land und bleiben an der Silhouette der fernen Stadt hängen, die nun mein Zuhause geworden ist. In weiter Ferne erheben sich sanfte Hügel. Mich packt eine große Sehnsucht, gleich einem Vogel, dessen Flügel aber zu schwach sind, um den weiten Weg in den Süden antreten zu können.

Schnell ergreife ich mein Zauberglas, in dem sich ein vergilbter Zettel befindet. Kaum habe ich das Glas geöffnet, blicken mich achtunddreißig Augenpaare sechsjähriger Mädchen erwartungsvoll an. Sie sind so dankbar für jedes Lob, jede Aufmunterung und jede noch so kleine Zeichnung an der großen Wandtafel – oder über einen lustigen Streich vom Kasperle. Die fruchtbare Arbeit mit den Kindern macht mir große Freude. Sie fühlen sich geborgen und beschützt von ihren Eltern, mir und den liebenden Händen Gottes.

Das will mir Irene auch zu verstehen geben und steckt mir einen kleinen Zettel zu. Mit unbeholfener Schrift geschrieben: *Der liebe Gott ist immer bei Ihnen, Irene Wagner.*

So gehen einige Jahre dahin. Eines Tages die unfassbare Nachricht: Die liebenswerte Irene Wagner ist auf dem Schulweg ins Gymnasium tödlich verunglückt. Wo sind die schützenden Hände Gottes geblieben? Diese Frage steht bei vielen im Raum. Auch ich finde keine Antwort. Der kleine Zettel liegt immer noch in meiner Hand, ich drehe ihn um und lese das Datum: 1964.

Vierzig Jahre später sitze ich in der Kirche meiner Geburtsstadt. Der kleine, barocke Taufstein erregt meine Aufmerksamkeit.

Hier wurde ich getauft, mein Vater, meine Großeltern und viele Generationen vor ihnen. Hier sind meine Wurzeln. Wir wurden gewaltsam vertrieben und waren heimatlos. Nach dem Gottesdienst treffen sich alle, die zum Anna-Fest in ihre alte Heimat gereist sind, auf dem Kirchplatz. Es beginnt ein reger Austausch. „Wo hast du früher gewohnt?" „Wo hat es dich hin verschlagen?" „Bin ich etwa verwandt mit dir?"

Ich komme mit einer Frau aus Dachau ins Gespräch. „Oh, in Dachau habe ich gute Freunde, die mir immer den Rücken stärken", stelle ich freudig fest. Es stellt sich heraus dass diese Familie der Frau nicht unbekannt ist. So bestelle ich viele Grüße und verabschiede mich. Nach einiger Zeit wird mir bewusst, dass ich gar nicht weiß, wie sie heißt. Schnell laufe ich ihr nach und frage nach ihrem Namen. „Irene Wagner", ist ihre Antwort. So ein Zufall! Ich bin überwältigt und erzähle die Geschichte von Irene und dem kleinen Zettel.

Da nimmt sie mich an der Hand und führt mich zum Schaukasten vor der Kirche. „Das gleiche steht hier in tschechischer Sprache geschrieben", klärt sie mich auf und übersetzt: „Gott liebt dich, er ist immer bei dir." Das kann kein Zufall sein. An diesem Ort hat mir Gott schon in der Taufe zugesagt: „Du bist mein geliebtes Kind. Ich bin immer bei dir, egal wo du auch lebst." Damals habe ich es noch nicht verstanden. Doch jetzt wird mir noch einmal bestätigt, was mir Irene vor vierzig Jahren schwarz auf weiß zugesteckt hatte. Das bedeutet für mich: Ich bin von Angst befreit – bin geborgen, werde durch Leid und Schmerz hindurch getragen – auch wenn ich allein bin, fühle ich mich nicht einsam. Welch gutes Gefühl. Ich habe einen Schatz gefunden. Eine Perle, die ich tief in meinem Herzen bewahren will.

Kühle Luft holt mich aus der Verzauberung zurück. Die Sonne

ist bereits untergegangen und die Berge verschwinden im Dunst. Auch die Sehnsucht nach dem Süden ist verblasst. Im Herzen schlummern die wertvollen Erinnerungen, und übers Zauberglas kann ich sie jederzeit vergegenwärtigen. Behutsam versenke ich meine „Perle" im Zauberglas und fahre zurück in meine neue Heimat. Unterwegs singe ich wieder und wieder:

Lasst uns dem Leben trauen, weil Gott mit uns geht.

Entrinnen

von Hans-Wolfgang Wieners

Ich sitze am Schreibtisch und schaue nach draußen. Ein Vogel streicht krächzend am Fenster vorbei. Krähen haben sich in unserer Siedlung breit gemacht. Müdigkeit überfällt mich und ich schließe kurz die Augen. Als ich sie wieder öffne, fällt mein Blick als erstes auf die kleine Standuhr auf der Fensterbank. Ich besitze sie schon viele Jahre, doch heute spricht sie mich auf ungewöhnliche Weise besonders an.

Es ist eine schöne Uhr. Der Schöpfer hat das Zifferblatt in Form kleiner, goldener Lettern angebracht und zwei ebenso goldene Anzeiger für die Stunden und Minuten hinzugefügt. Der Sekundenzeiger rast unermüdlich im Kreis und ist nicht aufzuhalten. „Ich hab's eilig, ich hab's eilig", scheint er zu rufen und dreht seine Runden. Mit jedem lautlosen Springen des Sekundenzeigers verrinnt die Zeit, verrinnt das Leben, und irgendwann wird es für jeden Menschen vorbei sein. Wenn der Zeiger innehielte, bliebe dann auch die Zeit stehen? Man stelle sich vor, das wäre eine Möglichkeit, unsterblich zu werden. Einfach die Uhr anhalten, die Batterie herausnehmen und man wäre nicht mehr sterblich. Würde das funktionieren, begänne in diesem Augenblick die Ewigkeit. Dann gäbe es keine Zeit mehr, alles wäre zeitlos.

Doch meine Uhr läuft weiter. Sollte sie stehenbleiben, übernehmen andere Uhren ihren Auftrag und zeigen mir die Zeit an. Manchmal, in besonders schönen Augenblicken des Lebens, möchte man die Zeit wirklich gerne anhalten. Läge diese Macht in unseren Händen, so wären wir Schöpfer. Aber so vermessen sind wir Menschen nicht – oder doch?

Irgendwann wird einmal jemand die Uhr für mich anhalten und sie nicht mehr weiterlaufen lassen. Dann brauche ich ohnehin keine Uhr mehr – und die Zeit hat verloren.

Kindheitserinnerungen

von Anna Feichtinger

Fürsorglich vermummt mit einer warmen Strickmütze, dicken Wollhandschuhen und einem grünen Lodenmantel stapfe ich durch frisch gefallenen Schnee. Dicke Flocken tanzen vor meinen Augen und setzen sich auf mein Gewand. Bald sehe ich aus wie ein lebendiger Schneemann. Ich schüttele die weiße, leichte Fracht von mir ab und betrete das Schulgebäude. Aus meinem Klassenzimmer höre ich schon von weitem das Geschrei strammer, zehnjähriger Lausbuben und das verhaltene Kichern und Wispern der Mädchen. Wie auf Kommando verstummt das Stimmengewirr, als die Lehrerin die Klasse betritt. Fräulein Diener ist heute sichtbar bedrückt und traurig, als sie verkündet: „Der Unterricht fällt bis auf Weiteres aus! Ihr könnt nach Hause gehen!" Die Kinder laufen wie eine Herde Schafe durcheinander, jubeln und freuen sich über die geschenkte Freiheit. Was für ein Leben: Skifahren, Rodeln, Schneeballschlachten ohne Ende!

Eines Tages mache ich mich mit glühenden Wangen und einem glücklichen Gefühl auf den Heimweg. Wie aus dem Nichts tauchen am Horizont plötzlich seltsame Gefährte auf, die langsam auf mich zukommen. Ich erkenne Planwagen, die von Ochsen und Kühen gezogen werden. Ihre Tritte hinterlassen rote Spuren im Schnee, aus ihren geöffneten Mäulern tropft Geifer und Blut. Auf den Wagen sitzen Kinder und Alte, starr und unbeweglich wie ein Stück Holz. Manche machen an der Schule halt, andere fahren weiter. Mich fröstelt.

Zuhause erfahre ich, dass viele Menschen vor der näher rückenden Front flüchten. Als Zehnjährige verstehe ich das noch nicht ganz, spüre aber eine bedrückende, angstvolle Stimmung. Jetzt würde ich lieber zur Schule gehen und lernen, dort aber kampieren erschöpfte Flüchtlinge. Tagelang beobachte ich den Trauerzug nach Westen. Das Mitleid mit den kranken Tieren zerbricht mir fast das Herz. Wenigstens bläst nicht mehr der kalte Ostwind von den verschneiten Bergen und es wird von Tag zu Tag wärmer. Unter die Trecks mischen sich immer mehr berittene Soldaten, dazwischen Militärfahrzeuge. Auch Panzer rasseln über die Dorfstraße. Hinter dem geschützten Gartenzaun blicke ich mit verwunderten Augen auf das Gewirr von Menschen, Tieren und Fahrzeugen: Es kommt mir vor, als würden alle von einer wilden Meute verfolgt. Nach tagelangem Gewusel auf der Straße kehrt plötzlich Ruhe ein. Die Ruhe vor dem Sturm.

„Die Russen kommen, bringt euch in Sicherheit!", schallt es durchs geöffnete Fenster. Aus dem Schlaf gerissen torkeln wir schlaftrunken zu befreundeten Familien fern der Hauptstraße. Hier liegen wir eng aneinandergeschmiegt in fremden Betten und lauschen gespannt in die Nacht hinaus. Aus der Ferne höre ich ein Rumpeln und Rasseln. Das beängstigende Geräusch kommt immer näher und bricht dann jäh ab. „Jetzt sind sie da", flüstert jemand, und es wird noch stiller. Die weitere Nacht verschlafe ich. Es müssen aber schlimme Dinge passiert sein, wie ich später aufschnappe. Beim ersten Morgengrauen zieht der „Tross" weiter. Alle atmen erleichtert auf. Auf Schleichwegen kehren wir zur Dorfstraße zurück. Die Häuser stehen friedlich in der Morgensonne. Aber wie sieht es im Innern aus: Hier haben Vandalen gehaust!

Dennoch gewöhnen wir uns allmählich an die vorüberziehenden Russen.

Inzwischen ist der Frühling ins Land gezogen. Die Landschaft steht in voller Blütenpracht. Am 7. Mai atmen alle auf: Der Krieg ist vorbei. Aber an das, was uns jetzt erwartet, hat niemand im

Traum gedacht. Eines Tages schwärmen grimmig dreinblickende, tschechische Soldaten mit angelegten Gewehren aus. Aufs Geratewohl klopfen sie an die Türen mancher Dorfbewohner und geben ihnen Befehle: „Sie müssen raus, sie haben zwei Stunden Zeit und dürfen nur Handgepäck mitnehmen." Mütter, Kinder und Alte sammeln sich auf dem Dorfplatz. Wieder stehe ich hinter dem Gartenzaun und beobachte, wie sich eine Menschenschlange, bewacht und getrieben von Leuten mit Gummiknüppeln, aus dem Dorf entfernt. Sie alle sind Opfer der sogenannten „wilden Vertreibung". Wird meine Familie das gleiche Schicksal erleiden?

Was ist Zeit?

von Hans-Wolfgang Wieners

Die Zeit war wie eine launische schöne Frau. Jeder brauchte sie, jeder drehte sich nach ihr um und wollte sie besitzen. Kaum glaubte man, sie zu haben, war sie schon wieder fort.

Auf der Autobahn oder im Supermarkt, überall traf man sie. Selbst die Bahn eilte der Zeit hinterher und oft genug hatte sie das Nachsehen, wenn die Zeit wieder einmal schneller war.

Sie drängte sich in die Unterhaltungen zwischen Menschen und trieb sie auseinander. „Nächstes Mal haben wir mehr Zeit", riefen sich die Menschen zu, wohl wissend, dass es beim Wiedersehen nicht anders kommen würde. Auf der Straße hörte man Personen, die sich zuriefen: „Hallo – keine Zeit!" Eine Mutter eilte mit ihren Kindern zum Kindergarten: „Kommt Kinder, Mama hat keine Zeit!" Im Wartezimmer des Arztes saßen sie, die Patienten, und hatten eigentlich anderes zu tun. Die Zeit zog sich hin und nahm kein Ende, während jeder sehnsüchtig darauf wartete, aufgerufen zu werden. Im Straßenverkehr hupten die Autos, wütende Menschen drohten hinter den Glasscheiben ihren Vordermännern und knurrten: „Mensch, fahr schneller! Ich habe keine Zeit!"

Die Zeit war mit sich zufrieden. Sie gab den Menschen stets Bruchteile von sich, aber nie genug – sie mussten ja auf Spannung gehalten werden.

Doch eines Tages geschah ein Wunder. Die Zeit wurde überflüssig. Auf der Suche nach einem möglichen Opfer streifte sie durch einen Park. Da fiel ihr Blick auf ein spielendes Kind. „Du hast Zeit zum Spielen?", fragte die Zeit erstaunt. „Was ist Zeit? Ich bin die Zeit", antwortete das Kind und spielte weiter. Da floh die Zeit und wurde nicht mehr gesehen.

Was noch bleibt
von Andrea Sielhost

Gesetzt den Fall, Sie wüssten, wie viel Lebenszeit Ihnen bei relativ guter Gesundheit noch bliebe – sagen wir einmal zehn Jahre. Was würden Sie in der Ihnen verbleibenden Zeit noch tun? Wie würden Sie Ihren Tag gestalten? Die Zeit verrinnt unaufhaltsam und die Uhr tickt...

Sic beschweren sich, dass es nur noch zehn Jahre sind? Sehen Sie es doch einmal so: Sie wissen jetzt, wie viel Zeit Ihnen noch bleibt – vertun Sie diese Zeit nicht mit Beschwerden! Nutzen Sie die Zeit lieber zum Nachdenken. Was wäre jetzt in Ihren Augen Zeitverschwendung?

Der Bügelautomat, den sie noch kaufen wollten, soll das Bügeln vereinfachen und beschleunigen. Aber raubt er nicht viel mehr Zeit? Sie müssten beispielsweise die Bedienungsanleitung lesen und bevor Sie ihn benutzen könnten, müssten Sie für den Preis, für den Sie ihn kauften, mehr oder weniger lange arbeiten. Welche Dinge wollen Sie so betrachtet noch kaufen? Überhaupt ist es fraglich, ob Bügeln sinnvoll ist und was man alles bügeln soll. So kann man dann alle Tätigkeiten, die den Tag füllen, auseinandernehmen und beleuchten.

Ich glaube, der Spruch „Zeit ist Geld" stimmt wirklich. Hat man beispielsweise acht Stunden gearbeitet und bekommt dafür achtzig Euro, so ist die Zeit weg, verloren – dafür hat man dann das Geld. Dieses Geld kann man auch wieder in Zeit umtauschen, wenn man sich beispielsweise einen Gärtner oder eine Haushaltshilfe leistet.

Und wann und wie wird man um seine Zeit betrogen? Gibt es das überhaupt, haben Sie dafür ein Beispiel? Ja. Was ist, wenn die Bügelmaschine immer wieder ausfällt und man mit ihr nicht schneller ist als mit einem normalen Bügeleisen? Für die geleistete Arbeit wird man dann nicht angemessen entlohnt und die Arbeit wird nicht gewürdigt.

Ich könnte noch viel länger über die Zeit schreiben, doch ich habe gerade keine Zeit mehr. Denken Sie selbst einmal nach und entscheiden Sie für sich, wie Sie die Ihnen verbleibende Zeit noch nutzen wollen.

Die Zeit

von Anna Feichtinger

Die Zeit ist ein gar seltsam Ding
sie lässt sich nicht fassen, genau wie der Wind.
Man spürt nur die Auswüchse des Zeitgefühls
die Uhr aber tickt weiter im stets gleichen Spiel.

Dem einen wird die Zeit zu lang
vor'm neuen Tag wird ihm schon bang.
Es kommt ihm vor, die Zeit bliebe steh'n
obwohl sich die Uhren weiterdreh'n.

In diesem Fall heißt es Zeit verschenken
lass dich nicht von Bequemlichkeit lenken.
Mache dich nützlich, wo Mensch und Tier leben
es heißt nicht umsonst: Sich regen bringt Segen.

Andere haben gar keine Zeit
für viele von uns ein schweres Leid.
Wo, frage ich, hat die Zeit sich versteckt
oder hat ein Zaub'rer sie weggehext?

Um die Zeit in den Griff zu kriegen
darfst du nicht von Pflicht zu Pflicht fliegen.
Stets mit Bedacht das Wichtigste tun
dann bleibt noch Zeit, dich auszuruh'n.

Die Zeit lässt sich ja sogar verschieben
in Buenos Aires ist's grad erst sieben.
Mir macht schon eine Stunde zu schaffen –
am Abend kann ich mich nicht aufraffen.

Zeit ist kostbar, liegt nicht in meinen Händen
sie ist begrenzt und wird sich einmal wenden
Darum lasst sie uns nicht auf morgen verschieben
sondern heute lernen, das Leben zu lieben.

Hunger

von Hans-Wolfgang Wieners

Einer meiner Freunde aus der Kindheit war Heinz-Dieter. Als wir uns kennenlernten war noch Krieg, doch die Angriffe der feindlichen Flugzeuge haben uns nicht weiter geängstigt. Wir spielten draußen, und wenn dann Fliegeralarm war, mussten wir natürlich in die Schutzbunker gehen. Die meisten Angriffe galten dem Flughafen und fanden oft nur nachts statt.

In den Jahren vor Kriegsende war die Not besonders groß. Die Versorgung mit Lebensmitteln wurde durch Lebensmittelmarken geregelt, die aber nie wirklich ausreichten, um den Bedarf zu decken. In diesen Tagen war der Hunger allgegenwärtig. Viele Menschen litten Not und kamen kaum über die Runden. Besonders Familien mit Kindern hatten einen schweren Stand.

Diejenigen, die einen kleinen Garten hatten, konnten sich etwas besser versorgen. Wenn aber Erntezeit war, musste man seinen Garten gut bewachen, denn das Stehlen war in dieser Zeit eine allgegenwärtige Unsitte. Auch wir hatten einen kleinen Garten mit Kaninchen und Hühnern. So konnten wir uns etwas besser über Wasser halten als viele andere. Da meine Großeltern eine kleine Kötterwirtschaft betrieben, konnte mein Vater von Zeit zu Zeit Lebensmittel von ihnen bekommen. Fleisch, Obst, Gemüse und auch Brot zählten dazu, sodass ich nie Hunger leiden musste.

Meine Frau erzählte mir später, dass sie als Kind immer früh ins Bett gehen musste, weil die Eltern hofften, sie würde eine Mahlzeit verschlafen – aber Hunger lässt nicht schlafen.

Da wir nicht so große Not litten, konnte ich meinen Freund Heinz-Dieter des Öfteren zum Essen mitbringen. Ich erinnere mich noch heute an eine Mahlzeit bei uns. Meine Mutter hatte Kartoffelpuffer gemacht und wir Jungen langten kräftig zu, besonders Heinz-Dieter lief zur Höchstform im Verspeisen von Kartoffelpuffern auf. Er schlang die vom Fett triefenden und noch heißen Köstlichkeiten gierig hinunter. Der Hinweis meiner Mutter, er solle doch langsam essen, es sei ja noch genug da, rief bei ihm nur einen fragenden Gesichtsausdruck hervor.

Als er irgendwann genug hatte, betrachtete er mit glänzend zufriedenen Augen den Rest auf dem Teller, der in seinem Magen keinen Platz mehr fand. Ich konnte mir kaum vorstellen, dass er an diesem Tag noch etwas essen würde.

Hunger ist eine schlimme Krankheit, sie macht böse und hebt gute Sitten auf. Berichte von Menschen, die Hunger haben und Dinge essen, die weit über unsere Vorstellungskraft hinausgehen, kann man nur verstehen, wenn man selbst wirklich Hunger leiden musste. Der Hunger meines Freundes ist sicher nur eine Momentaufnahme, nicht zu vergleichen mit dem Hunger, der uns im bequemen Sessel beim Fernsehen erreicht.

bis wir fallen

von Dana Martinschledde

es ist als fließe tiefdunkles blau
haltlos aus ihrem verschneiten blick
tausend hoffnungen ertrinken im rinnsal
suchend zu brechen eines and'ren genick

ein meer aus gierig zitternden händen
vom tiefen grund nach erfüllung schreit
zerquetscht in der schwarzfauligen umarmung
hässlich lachender vergänglichkeit

in trockenen kehlen schwelt heiße glut
dürstend nach gewitterblauen tränen
die still von gläsernen wangen tropfen
zu lindern das endlos quälende sehnen

fassungslos flehend weisen bebende finger
auf häute, die von narben zerfressen
sterbend erinnerung und zukunft aushauchen
zu staub zerfallen, im wind vergessen

leben
klagen sie taubstumm von sinnen
wie kann uns nur von woher bis wohin
das dazwischen so schmerzlich rastlos entrinnen?

da lächelt traurig das glasgesicht
und lässt aus seinem salzigen regen
eine zartzerbrechliche gestalt erwachsen
schickt sie der brennenden erde entgegen

gejagt von rasend lechzenden mäulern
hüpft sie barfuß durch sommerpfützen
tanzt auf den schlägen klopfender herzen
kann sich vor züngelnden blicken nicht schützen

mit einer haut benetzt von eiskristallen
reitend auf den rücken buckliger frauen
gräbt sie furchen in papierdünne wangen
mordet kinderseelen im morgengrauen

ihre bleichen hände so sanft wie brutal
genährt von aus liebe geborenem schmerz
reißen haare aus, schlitzen kehlen auf
krallen sich den greisen kraftvoll ins herz

still schwebt sie im blutroten sonnenuntergang
umwoben von einem kleid aus gestohlenen träumen
winkt den scheidenden am lebensabend zu
um sich in letzter sekunde flammend aufzubäumen

nachts ruht sie erschöpft im weißen leichentuch
sieht auf zum einsam wandernden mond
verdrängt den kummer ihrer ewigen pflicht
die sie selbst vor leben und alter schont

menschen
flüstert sie mit schmetterlingsstimme
ihr seht, wen ich töte und spürt, wie ihr brennt
ihr wisst, dass ich euren thron zuletzt erklimme

legt eure waffen und uhren nieder
gebt auf den tödlichen kampf um eine macht
die in fremden händen bitterlich verblüht
stirbt und niemals wieder erwacht!

da verstummen die menschenmassen
in finster wortgeschaffenem licht
es scheint fast als verglimme ein feuer
bis plötzlich tiefglühender zorn ausbricht

gefräßige hände greifen und schlagen
nach dem körper der verborgenen wahrheit
wollen ihre reinweißen glieder erfassen
nur knochen von kleid und haut befreit

wer versucht, sie zu erhaschen
ihr ohne umweg in die augen zu sehen
wird spitz aufschreien und verletzt
an ihrer gesichtslosigkeit zugrunde gehen

denn niemand erträgt ihren haltlosen blick
aus dem strudelnd und unendlich blau
tränen voll leid wie blut hervorströmen
auf glaswangen von salz so rau

wonach wir menschen verzweifelt gieren
werden wir niemals wirklich berühren
der einzige weg zum ersehnten ziel
kann bloß in die eigene seele führen

wir suchen halt, wo keiner ist
in nebelnasser dunkelheit
ewig fliehend und niemals greifbar
bleibt das gläserne phantom der zeit

atemlos jagen wir ihr hinterher
rennen gleichzeitig vor ihr fort
und ohne jemals loszulassen
wandern wir an einen finsteren ort

wir werfen löchrige netze aus
um himmelstränen aufzuschnappen
die letztlich gnadenlos zerplatzen
um hoffnungsstränge erneut zu kappen

erstickend in eigenem gedankengift
blind für das leben abseits vom kummer
rammen wir rabenflügel in unsere rücken
eigens erbaut aus zehrendem hunger

doch während wir zum glasgesicht steigen
nicht wissend um die macht seiner augen
wird uns der sturm der zeit erfassen
und gewaltsam zurück zur erde saugen

unsere federn lösen sich auf
zerfallen zu namenlos kalter asche
von schneidendem wind davongerissen
sterben wir in eines anderen hosentasche

wir sind verloren im großen dazwischen
missachten stimmen die aus dem nebel schallen
von sturm und tränen blutig gebissen
bis wir fallen.

Die Zeitenwende

von Hans-Wolfgang Wieners

Wie der Nebel im Wind
zerrinnt die Zeit geschwind
Bist du dann alt an Jahren
wirst du dich manchmal fragen

Wo ist das Gestern nur geblieben?
Hat jemand es mir weggenommen?
Wütend könnte ich dann werden
aber auf wen hier auf Erden?

Auch die Jungen werden einmal alt
noch sind Gedanken darüber kalt
Ist das erste graue Haar in Sicht
und verändert sich auch das Gesicht

Dann geht der Blick sogleich nach innen
denn der Zeit kann man nicht entrinnen
Dann sei nicht neidisch und geschockt
die Zeit hat dir dies eingebrockt

Du kannst ihr nicht entfliehen
denn Zeit ist nur geliehen
Dein Aufenthalt ist bald zu Ende
doch Gutes bringt die Zeitenwende

Im Schattenspiegel

„Drohung" – Aquarell von Andrea Sielhorst

Der Lichtschalter

von Hans-Wolfgang Wieners

Die Welt schien ohne Licht zu sein. Keine Sonne, kein Mond und auch keine Sterne. Nur hin und wieder zuckende Lichtstreifen am Horizont, die den Himmel für den Bruchteil einer Sekunde in ein fahles, sterbendes Licht tauchten. Ein Mensch stolperte durch die Dunkelheit über die Straße. Er tastete sich an den Bäumen entlang, die am Rande der Straße standen. Seine Hände waren von der rauen Rinde schon ganz zerkratzt und blutig. Er fragte sich, ob so der Weltuntergang aussah.

Er keuchte und stöhnte, seine Hände versuchten, Halt zu finden, aber sie glitten immer wieder ab. Auf seiner Stirn bildeten sich Schweißperlen, die wie Blutstropfen an seinem Gesicht hinabrannen. Da, plötzlich flog etwas pfeilschnell gegen seinen Kopf. Fremd und unbekannt fühlte es sich an, klebrig und weich – dann war es auf einmal wieder verschwunden. Ekel stieg in ihm auf, als sich das unbekannte Wesen erneut auf seinen Kopf setzte und sich an seiner Schulter festkrallte. Wann immer er ausholte, um es zu vertreiben, war es wieder fort.

Er geriet in Panik und rief um Hilfe, aber es war niemand da, nur die einsame Nacht und seine Ohnmacht. So schnell er auch rannte, die fremden Wesen verfolgten ihn und ließen ihn nicht in Ruhe. Nicht einmal das gelegentliche, schwache Aufhellen des Himmels reichte aus, um diese fremden Wesen zu erkennen. So blieb er ihren Angriffen hilflos weiter ausgesetzt.

Er hatte keine Orientierung mehr, taumelte haltlos weiter. „Ich brauche Licht, Licht, Licht!", schrie er, doch niemand war da, um ihm zu helfen. Die Dunkelheit hatte ihn umschlossen wie ein eiserner Ring.

Seine Suche nach Licht führte ihn in ein kleines Dorf. Ab und zu konnte er die schemenhaften Häuser erkennen, aber auch sie waren alle dunkel, hier schien kein Mensch zu wohnen. Erschöpft stolperte er durch das Dorf. Da, im Augenblick eines schwachen Erhellens durch die Lichtstreifen am Himmel, sah er einen Schalter an der Wand eines Hauses. Was war das? Je näher er kam, desto heller wurde der Schalter, ja, er glühte wie heißes, flüssiges Eisen. Als er sich dem Schalter näherte und ihn betätigen wollte, schlug ihm eine große Hitze entgegen, die fast seine Hand verbrannt hätte. Wie sollte er nur diese Hürde überwinden? Dieser Schalter musste doch seine Rettung sein!

Er wollte nicht länger hier ausharren. Alle Kraft nahm er zusammen – und seine Hand berührte den Schalter. Sofort zischte es und die Hitze verbrannte seine Haut, er schrie auf und zog die Hand zurück, ein scharfer Schmerz durchzuckte ihn. Er biss die Zähne zusammen, seine Augen huschten panisch durch die Dunkelheit, als ihn plötzlich ein sanfter Lichtschein erfasste. Worte durchbrachen das unerträgliche Schweigen. War das die Stimme seiner Mutter…?

Auf der Reise

von Anna Feichtinger

Im Wartesaal
zeitüberbrückendes Tanzvergnügen
Explodierende Musikkapelle
lautes Feuer aus allen Rohren
zerfetzt meine Trommel
aus Fell
schmerzvolles Stöhnen

Eine knochenharte, eiskalte Hand
auf meiner schmalen, ungeschützten Schulter
nackte Angst

Fratzen und Ungeheuer
umkreisen mich kreischend
sie drosseln meine Freiheit
und beschneiden meinen heißen Atem
Schauer wie kalte Güsse
rinnen über den zitternden Leib
Prost!

Zu einem Kokon erstarrt
kein Entkommen den gierigen Fangarmen
Nur der Blick nach oben ist frei
Endlich das erlösende Wort?
gerettet

Qual in der Nacht

von Hans-Wolfgang Wieners

Fahles Mondlicht huscht über die leicht gekräuselte Wasseroberfläche des Sees im Moor. Wolkenfetzen stürmen am Himmel dahin. Ein eisiger Wind durchschneidet die Stille der Nacht. Der Schatten einer Eule spiegelt sich kurz im Wasser wider, bevor sie sich in den Gipfeln der Bäume niederlässt. Es ist fast Mitternacht, die Geisterstunde naht. Im fernen Dorf am Rande der Taiga kündigt eine Uhr die zwölfte Stunde an, ihre dumpfen Schläge verhallen in der Weite des Moores. Doch mit dem zwölften Schlag wird das Moor plötzlich unruhig. Irrlichter beginnen zu tanzen und tauchen den See in unheimliches Zwielicht. Er beginnt zu glucksen und zu zischen. Auf einmal erhebt sich eine klagende, schreiende Gestalt aus dem Wasser. Ihr dunkler Umhang lässt nicht erkennen, ob es ein Mensch ist oder ein mysteriöses Wesen aus der Unterwelt.

Das unbekannte Wesen beginnt, über den See zu schweben und strebt dem Ufer zu, doch immer, wenn es das Ufer betreten will, wird es wie von einer unsichtbaren Hand zurückgeschleudert. Es heult mit einer unmenschlichen Stimme auf und rast zum anderen Ufer, doch auch auf der anderen Seite kann es den festen Boden nicht betreten. Als das Mondlicht einen Augenblick lang den See beleuchtet, kann man erkennen, welch ein Wesen hier sein Unwesen treibt: Aus dem weiten Umhang schaut eine skelettartige Hand heraus. Es sind fleischlose Knochen, die sich aber dennoch zu bewegen scheinen. Aus dem verhüllten Gesicht starren tote Augen. Dicke Blutstropfen rinnen aus ihnen heraus und verwandeln den See in ein rotes Meer. Heulend und klappernd versucht der Untote immer wieder, das Ufer zu erreichen und der Kraft des Moores zu entfliehen, doch er hat keine Chance.

Die Tiere der Nacht sind geflohen oder haben sich versteckt. Das Heulen und Klappern hat alle vertrieben. So geht es eine ganze Stunde lang.

Sobald die Uhr im Dorf die erste Stunde ankündigt, versinkt das Unwesen mit einem markerschütternden Schrei wieder im See. Das Moor greift mit unsichtbaren Armen zu und verschluckt das unheimliche Wesen. Es gluckert und schmatzt, solange die versinkenden Arme noch verzweifelt über dem Wasser rudern – dann ist es wieder still. Der See hat seine ursprüngliche Farbe wieder, alles scheint friedlich zu sein. Nichts zeugt mehr vom furchtbaren Geschehen der vergangenen Stunde.

Wer aber war das Unwesen? Alte Leute im Dorf erzählen, es sei Bauer Ivan Kazimir, der seine Frau getötet hatte, weil sie mit einem anderen davongehen wollte. Das Dörfliche Gericht verurteilte ihn daraufhin zum Tode – durch Ertränken im See des Moores. Ob es wirklich stimmt, kann heute niemand mehr bestätigen, doch man sagt, dass der Untote nun jede Nacht nach Erlösung suche. Gefangen in einer ewigen Hölle, aus der er niemals fliehen kann.

Wie lange noch?

von Andrea Sielhorst

Der Wecker zeigte 4:30 Uhr. Die grüne Digitalanzeige verschwamm vor ihren Augen. Sie griff zur Brille, fixierte die Ziffern, doch sie änderten sich nicht. Draußen würde es noch lange dunkel bleiben, denn es war Ende Dezember. Sie hatte knapp vier Stunden geschlafen und doch – die Nacht war vorbei. Wie an allen Tagen seit der Entnahme der Gewebeprobe fand sie nur wenige Stunden Schlaf. Eine Welle der Angst fraß sich durch ihren Körper, ließ ihre Gedärme verkrampfen und den Magen zu einem Klumpen gefrieren. „Tumormarker erhöht" hallte es im Kopf. Ihr Blut jagte durch die Adern und ihr Herz schlug hart und schnell gegen ihre Rippen. Warum? Warum sie? Und warum brauchte das Labor so lange? Warum konnte man zwischen Weihnachten und Neujahr einem Callcenter-Mitarbeiter eine Störung melden, aber kein Ergebnis eines Labors bekommen?

„Verdammt!"

Sie knallte die Kaffeetasse auf die Arbeitsplatte. Wie viele Tage noch? Bis zum Ergebnis? Bis zum Ende? Sie setzte den Keramikfilter auf die Tasse, legte einen Papierfilter ein und gab zwei Löffel Kaffeepulver dazu. Während der Wasserkocher blubberte, sah sie aus dem Fenster in den dunklen, schweigenden Himmel. Als der Kocher klackend seine Arbeit beendet hatte, goss sie, kleine Pausen einlegend, das heiße Wasser auf das Pulver. Sie stand und wartete, mit kalten Füßen und Händen, die Augen brennend und mit heißer Stirn. Draußen dämmerte der Morgen und sie war jetzt müde.

Licht und Schatten
von Dana Martinschledde

Er rennt. Immer dem Licht entgegen, fort von seinem Schatten, dieser schwarz-verzerrten, am Boden kriechenden Gestalt, der er nicht in die Augen sehen kann. Er rennt und spürt nichts mehr. Nicht die namenlose Kälte der feuchten Grashalme, die sich durch seine Fußsohlen frisst, an seinen Beinen hinaufwandert und in der Körpermitte auf die zerstörerische Hitze seines in Flammen stehenden Herzens trifft. Nicht den Kampf, den die beiden eigenwilligen Empfindungen in seinem Inneren führen, nicht die Wut, die sie mit jedem Angriff in sein rauschendes Blut schreien – Pulsschlag für Pulsschlag ein scherbengespicktes Zusammenzucken. Mit jedem Schritt stampft er Taubheit in seine Glieder, blinzelt Salz aus den Augen, in denen sich zwei reinweiße Lichtpunkte spiegeln. Er rennt und spürt nichts mehr. Nicht den Wind, nicht den Atem der tiefschwarzen Nacht, nicht die glitschigen, langen Fänge seines Schattens, der sich nicht von ihm lösen will. Nicht den Schmerz, der seinen linken Knöchel hinaufzüngelt, als er wegknickt und mit ungeahnter Wucht auf die Erde schlägt. Die Nässe des Untergrundes durchtränkt den Stoff seines Hemdes wie warmes Blut. Plötzlich steckt der Atem in seiner Brust fest, hat sich zwischen den Rippen verklemmt, kann sich nicht befreien. Panik tänzelt in seinem leeren Hirn umher, schlitzt hilflosen Gedanken die Kehlen auf, legt den Schalter um für eine neue Art der Wahrnehmung. Ruckartig und verzweifelt wirft er den Kopf in den Nacken – und erblickt das Ufer des Sees, endlich, endlich, endlich. Auf der tintenschwarzen, spiegelglatten Wasseroberfläche glänzt vielversprechend die Lichtkugel seines Begehrens, das Schmuckstück am nächtlichen Firmament, die weiße Vollkommenheit, von der er weiß, dass sie das schwarze Loch in seinem Inneren füllen kann. Heilung. Wärme. Gesang, der das durch seinen Körper peitschende Echo der Erschöpfung übertönen, ihn selbst aufnehmen und retten wird. Da, auf der Mitte des Sees. Nicht weit weg. Nur die Arme ausstrecken, ins Wasser gleiten und weiter auf das Licht zuschweben. Endlich. Genau jetzt. Nah und einfach. So einfach wie Liegenbleiben. Sein Atem steckt fest und das Herz in seiner Brust schwillt an, zittert, rumort, schreit nach Hilfe. Hilfe. Gleich da vorne, nicht mehr weit. Er liegt still und spürt nichts mehr. Bis sich zwei kräftige, lange Arme um seinen Rumpf schließen und ihn mit qualvoll roher Gewalt noch fester auf die Erdoberfläche pressen.

Hab dich, flüstert das gesichtslose Schwarz unter seinem Körper.

Die Säge

von Hans-Wolfgang Wieners

Es war noch dunkel und es regnete, als er um 6.00 Uhr zum Postamt fuhr, um die Post auszutragen. Etwas lustlos trat er in die Pedale und erreichte bald das Amt. Im Briefträgersaal herrschte schon Leben. Stimmengewirr waberte durch den Raum und die ersten Zigarettenwolken kringelten sich zur Decke. Eilig liefen seine Kollegen zu den Verteilfächern, um die vorsortierte Post abzuholen. Erst die Übergrößen an Briefen und Zeitungen, auch Langholz genannt, und dann die Briefpost. Die Hektik des Briefträgermorgens packte bald auch ihn. Sortieren, Aussortieren, Geld holen, Nachsortieren – bis kurz vor acht kam keiner so recht zur Ruhe. In der letzten halben Stunde fand er doch Zeit für eine Pause.

Er griff in die bereits sortierte Tasche, um, verbotenerweise, eine Tageszeitung herauszufischen und schnell einen Blick auf die Tagesereignisse zu werfen. Dann Sport. Beim Durchblättern schlug er zwangsweise auch die Seite mit den Todesanzeigen auf, die aber für ihn uninteressant war. Alle seine Verwandten waren noch gesund und lebten. Sein Blick streifte das Gedruckte nur flüchtig und er wollte schon weiterblättern, als er stutzte. Sein Name erschien auf einer Anzeige. Ein entfernter Namensverwandter? Im Ort gab es eigentlich keinen Zweiten mit seinem Namen. Als er den Blick nun intensiver auf die Todesanzeige lenkte, wurde ihm allmählich klar, dass es sein Vater sein musste, der verstorben war. Wieder und wieder las er die Worte, und seine Erkenntnis wuchs zur Gewissheit – sein Vater war tot. Sein Herz raste, ihm brach der Schweiß aus, kalte und warme Schauer durchströmten seinen Körper. Immer und immer wieder las er die Anzeige, in der Hoffnung, dass es nicht so war, wie es hier geschrieben stand. Wie war es möglich, durch die Zeitung vom Tod seines Vaters zu erfahren? Sicher, das Verhältnis hatte sich etwas abgekühlt, so wie es in Familien manchmal vorkam – aber mit dieser Situation wurde er nicht fertig. Tränen standen ihm in den Augen. Sollte er nach Hause gehen und sich vom Dienst freinehmen? Er versuchte, nachzudenken, war sich noch immer nicht sicher, ob er das wirklich erlebte, als er nach draußen gerufen wurde. Seine Tante, in Schwarz gekleidet, wollte ihm die Nachricht überbringen. Es gab nicht mehr viel zu sagen. Das gestörte Verhältnis war nicht mehr zu reparieren, eine Versöhnung stand nicht in Aussicht.

Die Gedanken rasten durch seinen Kopf. Diese blöde Säge war der Anlass zu der Verstimmung. Er hatte sie beim Auszug von zu Hause mitgenommen und sie dann, auch nach mehrmaliger Aufforderung seines Vaters, nicht zurückgebracht. Er wollte sie noch verwenden und der Vater brauchte sie ja ohnehin nicht. So verging die Zeit und er behielt die Säge. War es Nachlässigkeit, Sturheit? Er hatte sich doch so gut mit seinem Vater verstanden. Doch nun war eine Versöhnung nicht mehr möglich.

Er fuhr ins Krankenhaus, um einen letzten Blick auf seinen Vater zu werfen. Sie hatten ihn noch nicht fertig gemacht. So, wie ihn der Herzinfarkt erwischt hatte, lag er da. Sein Gesicht war noch verzerrt, die ganze Härte des Schmerzes zeichnete sein Antlitz – ein ewiges Bild für sein Leben.

Schachmatt

von Anna Feichtinger

Regen prasselt an die Scheiben.
Jeder möcht' zu Hause bleiben.
Unerkannt mit Schal und Brille
schleicht nur einer mit der Zwille
ums Hotel in großem Bogen
dafür sollt' ihn niemand loben.

Stockdunkle Nacht wird jäh erhellt
ein Blitz durchzuckt die halbe Welt.
Donner grollt mit lautem Schall
Tür fällt zu mit lautem Knall.
Nur einer nutzt die Gunst der Stunde
und beendet seine Runde.

Er tritt zum Fenster, das erleuchtet
erblickt den Feind, der gerne meuchelt,
gekrümmt, geräuschlos wie 'ne Katze
schleicht er sich nun zu dieser Fratze
erhebt mit fester Hand die Zwille
Schachmatt der Hund, das war sein Wille.

Es ist nicht so, wie es aussieht

von Andrea Sielhorst

Sie sah den grauen Morgenhimmel durch die Tür des Rettungswagens. Das Blaulicht flackerte, der Notarzt hatte ihr etwas gespritzt. Sie sah ihre Nachbarn, die Polizisten und die Sanitäter, sie hörte sie auch, doch sie verstand sie nicht. Alles kam wie durch Watte zu ihr. Selbst ihren schmerzenden Körper spürte sie nur ganz vage. War es so, wenn man starb, wenn man seinen Körper und die Welt verließ? Sie schloss die Augen, bereit zu gehen.

Noch einmal sah sie den gedeckten Esszimmertisch mit dem Abendessen. Sie hatte sich so bemüht, alles richtig zu machen, aber er hatte den Fehler entdeckt. Die Servietten fehlten. Er hatte Recht, sie vergaß die einfachsten Dinge und machte immer wieder Fehler. Dabei hatte sie doch nur den Haushalt, und sonst nichts, um das sie sich kümmern musste. Er schlug zu. In ihr Gesicht und sie prallte hart mit dem Kopf gegen den Türrahmen, sank an ihm herunter auf den Fußboden. Er trat ihr hart in den Bauch und als sie sich krümmte in den Rücken. Immer weiter trat er zu. Sie verlor das Bewusstsein. Es musste wieder laut gewesen sein, denn die Nachbarn hatten den Notruf gewählt.

Sie wachte auf, als eine Schwester sie an der Schulter berührte. Ihr Oberkörper war bandagiert, ebenso ihr Kopf, und ein Tropf war ihr angelegt worden. Eine Polizistin trat hinter der Schwester hervor und fragte sie, ob sie das Geschehen des letzten Abends schildern könne. Sie erzählte vom Abendessen, den vergessenen Servietten, wie sie ihn verärgert hatte. Er liebte sie wirklich und es war doch nur wegen ihres Fehlers passiert. Es war nicht so, wie es aussah ...

Weiße Raben
von Dana Martinschledde

Wie verschmutzte Schneeflocken stürzen sie vom tintenschwarzen Himmel, gefangen im Atem eines unerbittlich wütenden Sturms. Gespreizte Flügel, zerzauste Federn, Panik, die aus glänzenden Augen schreit. Mit jedem Schlag seines verzweifelt dahinjagenden Herzens prallt einer ihrer Körper auf die Felsen und erschlafft zu ewiger Regungslosigkeit. Weiße Raben. Er sieht sie sterben, träumt von ihnen, wenn er nachts wachliegt. Wann es angefangen hat, vermag seine Erinnerung nicht zu sagen – er weiß nur, dass es nicht mehr aufhört. Dass Tage und Nächte wie Aquarellfarben verschwimmen, seit er im Schlaf keine Ruhe mehr findet. Dass er seine Wohnung bei Schnee im Winter nicht verlässt, weil er den Anblick vom Himmel tropfender Farbe, die sich an Bordsteinkanten auftürmt wie verwesende Rabenleichen, nicht ertragen kann. Er langt quer über den Tisch, hebt das halbvolle Weinglas an und löst das am Fuß klebende Polaroidfoto. Zerknittert, ausgeblichen. Ein Fetzen. Mit der Kuppe seines rechten Zeigefingers fährt er vorsichtig über die leblosen Farben, berührt das wehende Sommerkleid unter Fettfingerabdrücken, liebkost die unbedeckte Haut ihres elfenzarten Rückens. Die sanften Wölbungen ihrer Schulterblätter fesseln seinen Blick, sie scheinen zu zittern, sich pulsierend auszudehnen. Krampfhaft blinzelnd hält er den Atem an und wartet darauf, dass ihre Unschuld den Kampf verliert. Unterhalb ihres Nackens reißt die Haut entzwei, Wunden klaffen auf wie gierige Mäuler, aus denen sich zwei blütenweiße Knospen hervorwinden. Kein Blut. Sie erwachsen zu mächtigen, federbekleideten Schwingen, drängen sich ihm entgegen, bereit, in die Lüfte zu steigen – und sind doch nicht greifbar. Schwärze beginnt, die Ränder seines Blickfeldes zu zerfressen und verwandelt ihre Erscheinung in das blendend grelle Zentrum seiner Aufmerksamkeit.

Sie ist der weiße Rabe, der in tausendfacher Ausführung seine Träume dirigiert. Sein Gift. Er braucht sie. Eine namenlose Wut glüht leise in seinen Fingerspitzen, schwillt an zu einem Brennen, lässt ihn zusammenzucken. Er braucht sie nicht. Seine Hand umkrampft das Foto, knickt es und zerquetscht ihre Flügel. Rein und ruhelos, denkt er. Zart und zerbrechlich. Seine Hand mit dem Papierfetzen über der Kerzenflamme. Verlockendes Biest. Der Schmerz des letzten Herzschlags. Braucht er sie? Salzige Wut auf seinen Wangen, die er hasst, die er nie aufhalten konnte, die er verflucht und die er liebt.

Und er zieht seine zitternde Hand zurück.

Mann und Maus

von Hans-Wolfgang Wieners

Der große Raum ist karg und schmucklos. Die Wände schimmern schmutzig und grau. Kein warmes Licht durchflutet den Raum. In der Mitte ein Bett, in dem ein Mensch schläft, friedlich und wohlgefällig. Er friert nicht, die dicke Daunendecke schützt und wärmt ihn.

Doch eine aus dem Labor entflohene, mutierte Monstermaus setzt sich auf seinen Körper und will die Macht über sein Leben übernehmen. Endlich, so denkt sie, kann sie sich über die Menschen erheben, all ihre Ohnmacht ist dahin. Jetzt will sie regieren und drückt mit ihrem Gewicht den schlafenden Menschen herunter. Macht ausüben ist ein Privileg der Menschen, nicht der Mäuse. Klein wie diese Tiere sind, müssen sie täglich um ihr Leben fürchten und vor raubgierigen Katzen, Vögeln und Menschen auf der Hut sein.

Das soll vorbei sein. Jetzt ist die Stunde der Rache gekommen. Der Mensch muss nun für seine Experimente bezahlen. „Ich werde dich töten!" – dieser Gedanke schießt durch den Mäusekopf. Aber kann sie das überhaupt? Kann sie so sein wie ein Mensch?

Sie kann es nicht. Sie könnte nie so grausam sein wie er. Hat der Schöpfer hier einen Fehler gemacht, als er Mensch und Tier geschaffen hat?

Die Maus richtet sich auf. Sie will für einen Augenblick die Macht über ihn genießen, kann es aber nicht, denn der Mensch schläft einfach weiter und ahnt nichts von der Gefahr. Er ist ein Egoist, der noch im Schlaf nur an sich denkt. Die Maus überlegt, ob sie ihn wecken und erschrecken sollte, um ihm für einen Augenblick ihre Überlegenheit zu demonstrieren. Doch das würde ihren Tod bedeuten. Womöglich würde der Mensch sie wieder in einem Labor verschwinden lassen und in eine Minimaus zurückverwandeln.

Das Kleine kann nicht groß werden, und der Mächtige nie arm und schwach. Die Gesetze verändern sich nicht, denkt die Maus und springt vom Bett des Mannes herunter.

Madonna

von Dana Martinschledde

Ich sitze im Wohnzimmer gebannt vor dem Fernseher. Plötzlich erregen unbekannte Geräusche meine Aufmerksamkeit. Meine Kinder liegen in ihren Betten und schlafen, Peter ist unterwegs – diese Dinge schießen mir in diesem Moment durch den Kopf. Draußen war heute ein nebliger Novembertag. Eigentlich wollte ich einen kuscheligen Abend auf der Couch verbringen, doch erneut ertönen diese sonderbaren Geräusche. Woher kommen sie nur? Ich stehe auf und nehme zwei Stufen auf einmal auf der Treppe nach oben. In beiden Kinderzimmern und im Rest der oberen Etage ist alles ruhig. Die Geräusche sind nicht verstummt. Ich ziehe meine Schuhe aus und eile die Stufen auf Strumpfsocken wieder hinunter. Irgendwo haben wir die afrikanische, hölzerne Madonna; die kann ich gut als Waffe mitnehmen, wenn ich in den Keller gehe. Die Madonna steht im Wohnzimmer zwischen Tür und Kachelofen. Ich öffne ganz leise die Tür zum Wohnraum und ergreife meine provisorische Waffe. Wieder die Geräusche. Ich habe das Gefühl, vor Entsetzen nicht mehr richtig atmen zu können. Kalter Schweiß bedeckt mein Gesicht, die Hände sind nass vor Aufregung und mein Puls steigt in ungeahnte Höhen. Vorsichtig öffne ich die Tür zum Keller. Die Madonna halte ich schlagbereit in den Händen. Da, wieder diese Geräusche! Ich gleite förmlich die marmorne Kellertreppe hinab. In der Waschküche bewegt sich nichts, auch von Toilette und Dusche im Nebenraum kommen die Geräusche nicht. Im Heizkeller kann ich neben den Öltanks und der Heizung nichts Ungewöhnliches vorfinden. Weiter – schon wieder vernehme ich Geräusche. Plötzlich erblicke ich aus den Augenwinkeln eine dunkle Gestalt.

Panisch fahre ich herum, doch es ist nur mein eigenes Spiegelbild in dem Garderobenschrank. Zuletzt schleiche ich mich mit klopfendem Herzen in den Partyraum. Mir fällt ein, dass wir vor zwei Tagen hier gefeiert haben. Ein Fenster steht offen. Es knarzt, quietscht und schlägt immer wieder gegen die Wand, weil der aufgekommene Wind mit ihm spielt.

Ich schließe das Fenster. Allmählich sinkt mein Adrenalinspiegel, die Schnappatmung normalisiert sich. Trotzdem horche ich noch eine ganze Weile bewegungslos in die Stille hinein, bevor ich mit meiner Madonna den Rückzug antrete. Zurück im Wohnzimmer stelle ich die Statue ab, hole mir etwas zu trinken und lasse mich wieder auf dem Sofa nieder, um den Psychothriller weiterzusehen.

Der Knabe im Moor

von Hildegard Thate
in Anlehnung an „Der Knabe im Moor" von
Annette von Droste-Hülshoff, 1842

Es ist schaurig, über das Moor zu gehen,
wenn durch die Weiden die Winde wehen.
Wenn unter jedem Tritt das Wasser singt,
und blasses Mondlicht durch das Röhricht blinkt.

Der Junge rennt, als wolle man ihn jagen,
Angst hat er schon an hellen Tagen.
Vor seinen Füßen brodelt es auf,
gehetzt setzt er fort seinen Lauf.

Es pfeift ihm gehörig unter den Sohlen,
er hat das Gefühl, man wolle ihn holen.
Was raschelt da drüben im dichten Strauch?
Es ist nur des Windes heulender Hauch.

Dann plötzlich lichtet das Röhricht sich,
drüben flimmert's so heimatlich.
Tief atmet er auf – und zum Moor zurück
wirft er noch einen letzten Blick.

Totentanz

von Anna Feichtinger

Als ich mein Teeglas zum Mund führen will, wird es mir von einer unsichtbaren Hand abgenommen. Im gleichen Augenblick legt sich eine eiserne Klaue auf meine Schulter. Ich erstarre vor Schreck. Aus allen Ecken des Wartesaals ertönt ein grauenhaftes Gedröhn, sodass mein Trommelfell zu zerplatzen droht. Ich drehe mich um. Eine zahnlose Fratze mit aufgerissenem Mund und feurigen Augen starrt mich an. Der Hüne zerrt an meiner Schulter. Er fordert mich zum Tanz auf. Ich hocke wie versteinert auf meinem Stuhl und starre auf das Treiben um mich herum. Knochenmänner bewegen sich wie auf Stelzen leichtfüßig nach den Klängen einer mysteriösen Kapelle. Die Musik entsteht durch ihre zerplatzenden Leiber. Andere Gestalten lachen, es klingt wie das Hecheln von Hunden, einige blasen in ein Totenhorn.

Das Monster steht plötzlich wieder vor mir und reckt mir seine Hand entgegen, die der Pranke eines Raubtieres ähnelt. In diesem Moment ertönt aus dem Lautsprecher: „Sperrstunde, der Wartesaal wird geschlossen." Ich ergreife meinen Koffer und verlasse fluchtartig den Raum. An der frischen Luft bekomme ich wieder einen klaren Kopf, doch im Zug nach Venedig kehren meine Gedanken immer wieder zu dem furchterregenden Ereignis zurück. Ab jetzt werde ich meine Getränke nie mehr unbeaufsichtigt lassen, nehme ich mir fest vor.

Zerstörtes Leben an allen Orten

von Hans-Wolfgang Wieners

Zerstörtes Leben an allen Orten –
Gibt es Erlösung an fremden Pforten?
Selbst die Tiere groß und klein
passen in keinen Sarg mehr hinein.
Entsetzte Gesichter in der Nacht,
wer hat sie so verzweifelt gemacht?
Schreie, wer kann Hilfe bringen –
wird dem Menschen dies gelingen?
Kalte Hände klammern fest
was schon längst verloren ist.
Sterbende Rufe flehen nach Rettung,
Körperteile durchpflügen die Zeit,
zu keiner Funktion mehr bereit.

Doch was will uns das alles sagen?
Hat das Werk des Künstlers oben
die ganze Menschheit nun belogen?
Das Bild ist wie ein Menschenherz –
verwirrt und aufgegeben heute,
keinen Sinn mehr wird es geben,
denn jedes Teil wird sich erheben,
alleine nur für sich zu leben.
Können die vielen Dinge hier
dem Leben wirklich Freude bringen?
Das Gute kann nur dort entstehen
wo alle Stürme schlafen gehen.

Wo Mensch und Tier im Einklang leben
und jedem wird sein Raum gegeben
kann Frieden sein hier allezeit –
doch ist der Mensch dazu bereit?
Wenn neues Leben dann entsteht,
und Böses ist hinweggefegt,
wird alles wie am Anfang sein:
Zwei Menschen waren ganz allein.

Zwei starke Herzen

von Ann-Christin Christoffer

Was kann zwei starke Herzen trennen?
Geteilt der Fluch von Endlichkeit
Wie kann man solches Joch benennen
das sich abspielt in Dunkelheit?

Künstlichkeit erstickt den Keim
der zu höchstem Baum erwachse
Wenn Willkür wird alltäglich sein
saugt's auf der Schlund der Todesachse

Wie kann ein Zaun dich aufhalten
wenn er versperrt dein Paradies?
Vermeidbar was sich nicht vermeiden ließ

Was kann zwei starke Herzen spalten?
Sieh wie das Glas im Lichte glitzert
Spür wie's durch deinen Mut zersplittert

urtrieb

von Dana Martinschledde

verborgen unterm flüsterschleier
liegt wortgewob'ne haut so bleich
von fremden händen aufgezwungen
blickst du in augen sündenreich

ein schmaler strich von weichen lippen
bemalt mit roter ehrlichkeit
von fremden mäulern aufgerissen
sprach immer bloß die unwahrheit

von knochenschultern hängt herab
ein langes, weißes unschuldskleid
zerfleischt in fetzen und durchtränkt
von rabenblute ungeweiht

wer erntet deine missgunst heut?
wer sank ins lügenmeer hinein?
welch schuldlos unerkannte seele
zerrst du in diesen sündenschein?

hast den segeln dieses menschen
den winde herzlos ausgetrieben
ein zerplatzter freiheitstraum
an knochensplittern hängen geblieben

hast schwere schuld ins herz gebrannt
das seelenfeuer flugs entfacht
alles, was du später wirst finden
ist asche einer sternlosen nacht

sag, bist du blind
oder fällst du bloß
dem urtrieb willenlos
in den schoß?

dein kaltes lächeln voller hass
brennt pein in eine fremde haut
sag, hast du nur ein einz'ges mal
tief in dich hinein geschaut?

es wütet ein gewissenskrieg
hinter verschloss'nem herzen still
ein kampf, ein ringen um die macht
die dem rechte treu sein will

der leise traum von großer freiheit
streift ruhelos durch deinen geist
die welt im einklang, das unheil so fern
du weißt sehr wohl, was frieden heißt!

so heb' den schleier von seinem haupt
dass er nicht weilt in dunkelheit
und lass es lodern, flammen, züngeln
das feuer deiner menschlichkeit.

Hoffnung – Der Weg ans Licht

„Rettung" – Aquarell von Hans-Wolfgang Wieners

Fischers Fritz

von Anna Feichtinger

Ein Mann sitzt am Ufer eines träg dahinfließenden Flusses. Im aufstrahlenden Licht gleicht er einem Bronzestandbild, so starr und unbeweglich blickt er auf die Wasseroberfläche. Es ist ein idyllisches Bild, das sich dem Betrachter bietet. Ringsum tiefer Frieden. Noch blitzen und blinken die Tautropfen im Gras, getroffen von den ersten Sonnenstrahlen. Die Wärme bringt Leben in den reglosen Körper des Alten. Er greift nach einer Rute, die neben ihm liegt. Mit kraftvollem Arm schleudert er die Angelschnur in hohem Bogen in den Fluss. Wasser spritzt auf. Wo die Schnur mit dem tödlichen Widerhaken eintaucht, bilden sich kleine Kreise, die sich zu immer größeren Kreisen ausweiten. „Das kenne ich", freut sich der alte Mann. Er sieht sich als Kind, wie er seinem fischenden Vater zuschaut und vom Spiel der konzentrischen Kreise fasziniert ist. So ist aus dem kleinen Fritz ein leidenschaftlicher Fischer geworden. Erinnerungsfetzen blitzen auf: „Oft habe ich mit den Vögeln um die Wette gesungen, um die Fische anzulocken. Der Junge hat Gold in der Kehle, sagten die Leute." Dabei beobachtet er die Leine, die in der Strömung treibt. Plötzlich ein leises Zucken. Mit einem kräftigen Ruck reißt er sie aus dem Wasser. Wiederholt hält er die Angelrute in seinen abgearbeiteten Händen, die übersät sind von braunen Altersflecken, und träumt mit offenen Augen von längst vergangenen Zeiten: „Ja, meine Resi. In einer offenen Kutsche sind wir gefahren!" Theresia und Friedrich wurden ein Ehepaar, zogen Kinder auf und freuten sich auf den verdienten Lebensabend. So wie die Kreise auf dem Wasserspiegel immer größer und verschwommener werden, verblasst seine Erinnerung an spätere Jahre. Deshalb packt Friedrich seine Sachen zusammen und macht sich auf den

Heimweg. Seine Frau freut sich über den schönen Fang und bereitet ein köstliches Mahl. Als die beiden bei Tisch sitzen, blickt ihn Theresia ernst und forschend an. Friedrich senkt die Augenlider, sodass die Falten der gegerbten Haut auf Stirn und Wangen noch stärker hervortreten, und stottert: „Es ist nicht so, wie es aussieht. Ich habe die Fische gekauft." Theresia nimmt ihren Mann liebevoll in den Arm und sagt ihm: „Wir müssen endlich einmal zum Arzt gehen – du vergisst in letzter Zeit immer die Köder."

Nachtzauber

von Andrea Sielhorst

Es ist Nacht und du bist wach. Willst nicht schlafen,
willst schauen nur aus dem Fenster in den Garten,
wo das Mondlicht erhellt
eine ganz andre Welt.

Dann zieht's dich hinaus in die kühle Nacht.
Du stehst ganz still und die Stille wird laut.
Ist's in dir oder draußen, dieses Rauschen?
Das Blut in den Ohren, der Wind in den Bäumen.

Schatten, die sich nähern und entfernen.
Dein Herz schlägt schnell und aufgeregt.
Ein Nachtzauber ist's, der zu dir spricht.
Und wie du's oft im Traum gedacht
'ne and're Welt des Nachts erwacht.

Du frierst und gehst ins Haus, in dein Bett.
Eingekuschelt schaust aus dem Fenster in den Garten.
Willst nicht schlafen, willst das erste Morgenlicht erwarten –
das Erwachen einer ganz andren Welt.

Wie kann eine Frau so etwas tun?
- eine Glosse von Hildegard Thate -

Wie kann eine Frau so etwas tun? Das fragt man sich angesichts des neuesten Falls von gefährlicher Vernachlässigung. Was man eigentlich nur von Kindern kennt, passierte am letzten Wochenende in Dortmund: Am Sonntag befreite die Polizei aus einer Wohnung in einem Mehrfamilienhaus einen schlecht ernährten Mann Anfang 30, der auch noch kurz vor dem Verdursten stand. Die Polizei wurde von den Nachbarn alarmiert. Die Frau oder Lebensgefährtin war morgens mit den Kindern weggefahren, wahrscheinlich zu den Großeltern. In der Wohnung fanden die Polizisten keine für einen Mann seines Alters geeigneten Getränke, nur Mineralwasser, Kräutertees und zuckerarme Flüssigkeiten. Nicht einmal männergerechte Speisen fanden sie vor, nur Müsli, Milchprodukte und vegane Zutaten. Die Polizeibeamten überlief ein Schauer. Sie mochten sich nicht vorstellen, wie der Mann hatte leben müssen. Außerdem befanden sich in der Wohnung weder Fernseher noch Stereoanlage, Männerzeitschriften oder dergleichen.

Die Polizisten brachten den vollkommen dehydrierten und abgemagerten Mann erst einmal in eine Kriseneinrichtung der Bahnhofsmission, und zwar in das „Saufstübchen", einer gastronomischen Einrichtung. Der Leiter dort päppelte den Mann mühsam mit Bier, Korn und Strammem Max auf. Er hatte nur noch 90 kg gewogen! Wie konnte das passieren? Anfangs war es wohl eine glückliche Ehe, in der der Himmel voller Geigen hing. Aber dann kamen die Kinder, die Frau musste den Haushalt schmeißen, hatte keine Zeit mehr für ihren Mann und verfolgte ihre eigenen Ziele. Die Nachbarn waren entsetzt, stellten Flachmänner und Sixpacks vor der Wohnung des Mannes auf und zündeten Kerzen an. Die Frage „Wie konnte das passieren?" bewegt hier alle…

Fesseln

von Andrea Sielhorst

Er saß in ihrem Sessel, am Fenster ihres Reihenhauses, und betrachtete die Geranien in der Schale, ohne sie jedoch wirklich zu sehen. Sie hatte wahrscheinlich ebenso hier gesessen und hinaus gesehen. Er versuchte, ihr nachzuspüren und fühlte, wie seine Glieder schwer und müde wurden. Er dachte daran, aufzustehen und sich eine Tasse Pulverkaffee zu machen, doch er gab diesem Impuls nicht nach, er fühlte sich zu steif und unbeweglich. Es lohnte die Mühe nicht, wenn er danach wieder dieses Ziehen in den Gelenken spürte. Seine Gedanken führten ihn weit in die Vergangenheit zurück, in die 50er Jahre in Deutschland, in ihr altes Bauernhaus, und er sah sie in der Küche am weißen Spülbecken mit dem Hund und der Katze. Das Röhrenradio auf dem Küchenbüfett knackste und spielte Heimatlieder.

Er war gerade 16 Jahre alt und er sehnte sich nach einer anderen Welt, nach Amerika, dem Land der unbegrenzten Möglichkeiten. Diese Sehnsucht nach Freiheit und Weite ließ ihn nachts kaum schlafen. Heimlich brachte er sich Englisch bei, mithilfe von Büchern aus der Bibliothek. Er befürchtete nicht, dass sie es ihm verboten hätte, aber er wollte ein Geheimnis haben, etwas, das nur er wusste. Dazu putzte er Fahrräder gegen ein geringes Entgelt und bezahlte damit einen Gymnasiasten, der ihm bei der Aussprache half. Eine Woche nach seinem 18. Geburtstag verließ er nachts das Haus, mit einem alten Koffer vom Dachboden, und machte sich durch das Moor auf nach Bremen. Er hatte einen Brief für seine Mutter dagelassen, in dem er ihr für ihre Liebe und Fürsorge dankte. Aber Deutschland sei nicht sein Land, hier könne er nicht atmen und nicht glücklich werden – so schrieb er. Das musste reichen.

Gegen Morgen nahm ihn ein LKW mit und so erreichte er den Hafen um 14 Uhr. Er heuerte auf einem Schiff nach Amerika als Küchenjunge an. Die Überfahrt war hart für ihn, da er sehr unter der Seekrankheit litt, doch er biss die Zähne zusammen. Als das Schiff Amerika erreichte, schlich er sich noch in der ersten Nacht von Bord. Er versteckte sich in den ersten zwei Wochen bei Tag und wanderte nur in der Nacht weiter ins Landesinnere. Das erste Jahr war nicht einfach, doch sein Traum vom Leben in Amerika ließ ihn durchhalten, und zurück wollte er auf keinen Fall.

Im zweiten Jahr in Amerika und nach etlichen Jobs lernte er Virginia kennen. Sie kellnerte in einem Diner, färbte sich die Haare wasserstoffblond und sie hatte einen Pudel, den sie ebenfalls färbte. Sie verliebten sich auf den ersten Blick ineinander. Es war eine ganz verrückte, unmögliche Liebe – und kaum drei Wochen später heirateten sie. Sie lebten in einer kleinen Wohnung um die Ecke des Diners und mittags aß er dort oft einen Burger mit Pommes frites. Man mochte es kaum glauben, doch die Ehe hielt 25 Jahre und sie bekamen drei Kinder, zwei Mädchen und einen Jungen. Über verschiedene Jobs gelangte er schließlich in eine Werbeagentur, wo er dank seiner Geschicklichkeit beim Zeichnen und seinen kreativen Werbesprüchen bald zu einem überaus gefragten und gut bezahlten Werbetexter wurde.

In den ganzen Jahren hatte er den Kontakt zu seiner Mutter mittels Briefen gehalten. Sie war unaussprechlich traurig gewesen und vermisste ihn sehr. Dann war diese Trauer langsam gewichen, denn sie hatte einen neuen Mann kennengelernt und den Bauernhof verkauft. Gemeinsam zogen sie in ein Reihenhaus im Umland von Hamburg. Sie war mit diesem Mann nochmal einige Jahre glücklich gewesen, doch als er starb, versank sie langsam in ihrer Einsamkeit. Die Briefe waren wieder sehnsüchtiger geworden und er erfuhr von ihrer Arthrose, die sie mehr und mehr an das Haus fesselte.

Er plante, sie dieses Jahr im Sommer zu besuchen, das erste Mal seit 30 Jahren. Sie hatte sich so gefreut. Und er, wenn er es zugab, auch. Dann war das Telegramm gekommen: Herzinfarkt. Sehr schwach. Zu schlechter Zustand für ein Spenderherz...

Er buchte einen Flug und kam sofort, aber er war zu spät. Am Morgen seines Ankunfttages war sie verstorben. Er setzte sich an ihr Krankenhausbett und hielt ihre Hand. Lange sah er sie an und verglich ihr Gesicht mit dem aus seiner Erinnerung. Er sprach zu ihr. Er erklärte ihr, dass er ihr Haus verkaufen würde, weil er nicht in Deutschland bleiben wollte. Deutschland war ihm noch immer zu eng und er konnte hier nicht atmen.

Ausgesetzt

von Anna Feichtinger

Ausgesetzt von kalter Brüder Hand
Im heißen, lebensfeindlichen Land
Kein Baum, kein Strauch, nur Sand zuhauf
Nehmen sie seinen Tod in Kauf

Die tränenleeren Augen trifft ein Strahl
Der hoch stehenden Sonne, welche Qual
Kein Laut, kein Hauch, nur tiefe Stille
Vorbei des Lebens satte Fülle

Er träumt von reich gedeckten Tischen
Quellen, Meer, gebratenen Fischen
Trugbilder gaukeln die Sinne ihm vor
Er vernimmt einen tröstenden Chor

So horcht und lauscht er in die Nacht hinaus
Doch nirgendwo tut sich ein Ausweg auf
In der Not ruft und betet er zu Gott
Kommt Rettung nicht bald, bezwingt ihn der Tod

Morgenrot am Ende der Nacht
Gibt dem Träumer neue Kraft
Luftgebilde am Horizont steh'n
Nun kann er hauchfeine Schatten seh'n

Er späht hinaus in die gelbroten Lichter
Es nähern sich schutzverhüllte Gesichter
Stampfende Lasttiere ihnen zur Seite
Keine Fata Morgana, wie er meinte

Die Männer befreien ihn aus den Fesseln des Todes
Sein Hilfeschrei erhört, ist er voll dankbaren Lobes
Die Zunge gelabt mit erquickendem Trank
Und sie reichen ihm Brot, dem Gott sei's gedankt

So ward er aufgelesen in letzter Stunde
Die Geschichte macht heut' noch ihre Runde
Was zunächst erschien wie ein tückischer Plan
Wird nun gut, denn was Gott tut, ist wohlgetan

Der Sturz

von Hildegard Thate

Es war das Jahr 2005, als in Oberstdorf die Nordischen Skiweltmeisterschaften stattfanden.

Am Morgen des 28. Februar machte sich Johann Bauer bereit für den 50-Kilometer-Langlauf der Herren, die Marathonstrecke. Der letzte Wettbewerb dieser WM, ein Rennen, in dem es hieß, Schmerzen zu überwinden oder zu ignorieren. Zweieinhalb Stunden äußerste Konzentration. Johann Bauer war 29 Jahre alt, auf dem Zenit seiner Leistung. Monatelang hatte er trainiert, auf vieles verzichtet und sich mit den Zahlungen der Sporthilfe einigermaßen über Wasser gehalten. Jetzt wollte er die Ernte einfahren. Er wusste, er war einer der Favoriten. Würde er es diesmal schaffen? Sein unstillbarer Ehrgeiz war geweckt, er wollte siegen, triumphieren und seinen Namen für immer in den Sport-Annalen sehen.

Der Massenstart mit den Favoriten in der vorderen Reihe begann programmgemäß, aber bei leichtem Schneefall. Auf den ersten zehn Kilometern hielt sich Johann Bauer etwas zurück, um seine Kräfte zu schonen. Doch schon nach 20 Kilometern merkte er, dass dieses Rennen etwas Besonderes war: Er war mit dem Spitzen-Trio unterwegs. Die Loipe war durch den leichten Schneefall etwas schwerer zu bewältigen; er merkte das an den Gleiteigenschaften seiner Skier. Es war möglich, während des Rennens die Skier zu wechseln, was ihm dann auch gelang, als seine Konkurrenten ebenfalls rechts abbogen, um neue Skier auszuprobieren. Dieses Mal hatten die Serviceleute exzellent gearbeitet, musste Johann Bauer anerkennen.

40 Kilometer waren gelaufen, er befand sich immer noch in der

Viererspitzengruppe, als er merkte, dass seine Konkurrenten langsamer wurden. Dann sein Vorstoß, er überholte die beiden Norweger und den Schweden und war plötzlich Spitzenreiter! Sein Adrenalin zeigte Überschüsse, er schwebte wie auf Wolken, sein Atem ging nicht mehr stoßweise, sondern hatte sich dem Tempo angepasst. Das war sein Rennen! Spitzenreiter! Nur noch acht Kilometer, er führte inzwischen mit zehn Sekunden Vorsprung. Und den wollte er unter allen Umständen halten. Allmählich merkte er, dass seine Kondition nachließ, sein Atem ging etwas rasselnd und sein Puls war eindeutig überhöht. Aber der Ehrgeiz ließ ihn das alles vergessen. Dann der letzte steile Anstieg vor dem Zieleinlauf. Seine Hintermänner nahm er nicht mehr wahr, er war nur noch auf sich fokussiert. Sein Herz raste, seine Bewegungen wirkten automatisch. Die letzte Kurve vor der Abfahrt in die Zielgerade. Er beschloss, sie knapp zu nehmen, um wertvolle Zehntelsekunden zu gewinnen. Seine Verfolger waren immer noch weit hinter ihm, wie ihm seine Betreuer lautstark zuriefen. Die letzte Kurve vor dem Zieleinlauf fuhr er ganz knapp, doch durch den Neuschnee konnte er nicht sehen, dass eine Baumwurzel im Weg war.

Und dann passierte es: Die verfluchte Baumwurzel unterbrach seinen Rhythmus und er lag – trotz seiner Athletik und hervorragender Lauftechnik – auf dem Boden! Drei Mitfavoriten passierten ihn. Hämisch lächelnd – oder bildete er sich das nur ein? Er rappelte sich auf, sortierte sich und hastete hektisch hinter dem Führungs-Trio her. Das konnte doch wohl nicht wahr sein!

Da! Der Zieleinlauf war nur noch wenige hundert Meter entfernt! Sein Atem rasselte, sein Blutdruck stieg in schier unglaubliche Höhen – er flog dahin. Nur noch wenige Meter und er hätte den Drittplatzierten überholt. Dann die Ziellinie. Ein letzter verzweifelter Ausfallschritt – aber es reichte nicht! „Nur der vierte

Platz", registrierte er in bitterer Enttäuschung, gepaart mit kalter Wut. Zornig warf er seine Stöcke von sich, befreite sich von den Skiern, ließ sie einfach liegen und floh hinter die Zielcontainer, das infernalische Jubelgeschrei der Zuschauer und der Sieger hallte in seinen Ohren. Das war zu viel! Er schrie seine Enttäuschung hinaus und ließ sich dann fallen.

Was nun? War das das Ende? Oder weitermachen? Nochmals den ganz großen Erfolg suchen? Seine Gedanken überschlugen sich – eine Lösung hatte er noch nicht gefunden.

Es regnet, Gott segnet

von Hans-Wolfgang Wieners

Es regnet, Gott segnet, die Erde wird nass.
Wir sitzen im Trocknen, was schadet uns das?
Es regnet, es regnet, die Erde wird nass,
bunt werden die Blumen und grün wird das Gras.
Der Regen bringt Segen, und werden wir nass,
so wachsen wir lustig wie Blumen und Gras.

Ein Kinderlied, an das ich immer erinnert werde, wenn ein grauer, verregneter Novembertag meine Laune trübt. Doch sobald ich nach draußen schaue und die Regentropfen sehe, die an den Fensterscheiben hinabfließen, beginnt meine Phantasie mit mir zu spielen. Meine Gedanken fliehen zu den Wassertropfen, die von starkem Wind gegen das Glas geschleudert werden.

Mit großer Wucht drückt der Sturm die Tropfen an die Scheibe und lässt sie zerplatzen, bis sie nur noch einen nassen Fleck bilden. Andere Geschwistertropfen kommen dazu, verharren einen Augenblick und stürzen sich dann gemeinsam wie ein Wasserfall nach unten. Den Hauch eines Augenblicks erkenne ich ihre Spur, aber schnell wird sie von anderen Regentropfen überspült. Hastig drängen sie nach unten bis zum Gemäuer des Hauses. Am Fuße bilden sie eine kleine Pfütze, zusammengesetzt aus abertausenden, winzigen Regentropfen. Kein Tropfen ist nur für sich da, sie alle finden sich zusammen für ein gemeinsames Werk. Jeder Tropfen opfert sich für das Gemeinsame, keiner bleibt egoistisch zurück. Sie finden selbstlos zusammen und erreichen gemeinsam etwas Großes. Sie tränken die Erde, um Leben zu ermöglichen – oder auch zu zerstören. Jeder Tropfen löst sich auf, bleibt aber ein Teil des Ganzen. Aufgelöst im Meer der Unendlichkeit, aber doch gegenwärtig.

Wer aber bestimmt ihre Aufgabe? Wer lenkt sie und gibt ihnen Aufträge?

Ein gläubiger Mensch ist dann schnell bei Gott, dem Schöpfer des Ganzen. Aber was sagt der Philosoph? Wie viele Antwortmöglichkeiten existieren in seinen Kreisen? Ich trete vom Fenster zurück und denke: Was sagt eine Hausfrau? Stellt sie auch so tiefgründige Betrachtungen an wie ich? Sie wird wohl daran denken, dass nach dem Regen die Scheiben geputzt werden müssen. Welch säkulare Betrachtung.

Aber so hat der Regen doch für jeden etwas, sowohl für die Hausfrau als auch für den Philosophen. Da stellt sich mir die Frage, wer mehr davon hat – der Betrachter oder der Praktiker?

Hoffnung

von Dana Martinschledde

Schwerelos
und ohne Halt
Wann immer du schwebst
hier findest du die Zuflucht,
nach der du suchtest.

Aufgepumpt
zu viel geworden
Die Last gesteigert
ins Unerträgliche
Doch ist dir klar –
dein Schweben so leicht
ist Loslassen,
nach dem du dich sehntest.

Einsam
und allein gelassen
die Wut ein Dorn in deiner Brust
Du willst hier raus
doch weißt nicht wie
Wo Stille ist
und die Gedanken frei
Kehre zurück zu dem Ort
nach dem deine Seele lechzt.

Egal
wie kalt
Egal
wie lang
Egal
wie taub deine Finger schon sind
Den Weg hierher
wirst du immer finden
Denn er ist der Einzige
nach dem du dich sehnst.

Er bietet dir Halt,
nach dem du suchst
Das stille Vertrauen
in dem Worte geboren werden

Er ist der Einzige
der dich hält
bevor du fällst.

Der Einzige, der nicht nachgibt
egal
wie viel Wut du ihm an den Kopf wirfst
wie viele verzweifelte Tränen er fangen muss
Egal, wie schwer die Last ist
er teilt sie mit dir
Denn er ist die
Sicherheit
an der es dir fehlt.

Spiegelsplitter
—
Gemeinsames aus verschiedenen Federn

„Glut" – Aquarell von Andrea Sielhorst

Buchstabenglut

Ein gemeinsames Gedicht von
Ann-Christin Christoffer, Anna Feichtinger, Peter Hirsch,
Regina Hirsch, Dana Martinschledde, Andrea Sielhorst,
Hildegard Thate und Hans-Wolfgang Wieners

Meine Welt steht in Flammen
verbrennt, zerfällt, für immer verloren
Buchstabenglut
Welche Passage sollte unsichtbar gemacht werden?
Warum löscht niemand?
Alles wird zu Asche und Staub
Erinnerungsexplosion
Bücherverbrennung in staubiger Vergangenheit
Bibliothekenbrand in Weimar
Ich kann nicht lesen, wozu brauche ich Bücher
wenn es nichts gibt, was sich zu lesen lohnt?

Tanz auf den Wolken

Ein Faltgedicht von
Ann-Christin Christoffer, Anna Feichtinger, Peter Hirsch,
Regina Hirsch, Dana Martinschledde, Andrea Sielhorst,
Hildegard Thate und Hans-Wolfgang Wieners

Leichtsinn
ich will hoch hinaus
wunderschön
als Windtänzer im Gleichgewicht mit der Musik
schwindelig
mir wird schwindelig
Spiel mir das Lied vom Tod
denn manchmal endet es unerwartet
Mut erschafft, errettet mich
bevor ich kaputt gehe

Entrissen

Ein Faltgedicht von
Ann-Christin Christoffer, Anna Feichtinger, Peter Hirsch,
Regina Hirsch, Dana Martinschledde, Andrea Sielhorst,
Hildegard Thate und Hans-Wolfgang Wieners

Meine Hand wird dich halten
schwarzweiß
geh mit mir spazieren
suchen und finden
Komm, ich zeig dir den Weg
ich stütze dich
Verbundenheit
entrissen?
Irgendwann wirst auch du die Welt gesehen haben
– lass mich los!

Ungeziefer

Eine Faltgeschichte von
Ursula Brummel, Ann-Christin Christoffer, Regina Döinghaus,
Anna Feichtinger, Dana Martinschledde, Andrea Sielhorst,
Hildegard Thate und Hans-Wolfgang Wieners

Der alte Hund knurrte, und das schon seit einer Stunde. Man hatte doch nur Theater mit diesem Tier, und dabei hatte es noch so viele Jahre zu leben. Die Flöhe sprangen ganz schnell auf die anderen Menschen über, die sich vor Entsetzen schüttelten und dann begannen, sich zu kratzen. Einer sprang auf und schrie: „Holt den Doktor!" Er schrie und schrie sich die Seele aus dem Leib. Ein Polizist erhörte sein jämmerliches Rufen und befreite den alten Herrn aus seiner Zwangslage. Er fragte sich, wie der Kerl in diese Situation gekommen war, doch er konnte sich keinen Reim darauf machen. Wobei er doch Reime und Gedichte sehr mochte: Schon damals in der Schule war er immer der Beste gewesen, wenn es um Lyrik ging. Da ihm aber im Moment nichts einfallen wollte, trank er ein Bier. Auch zwei, das war aber genug für heute. Morgen wieder.

Abenteuer

Eine Faltgeschichte von
Anna Feichtinger, Peter Hirsch, Andrea Sielhorst,
Hildegard Thate und Hans-Wolfgang Wieners

Die Qualle durch das Weltmeer segelte, mit Pauken und Trompeten. Der Spaß war riesengroß, weil sie nicht geahnt hatte, wie jung sie sich fühlen konnte. Die ganze Angelegenheit ging ihr gegen den Strich, darum stand sie auf, räusperte sich und erhob ihre Stimme: „Meine Damen und Herren! Wir müssen uns fragen, ob wir noch bei Verstand sind."

Der Seitenspiegel
#
– Kurzbiographien der Autoren

„Freude" – Aquarell von Andrea Sielhorst

Ann-Christin Christoffer

Ann-Christin Christoffer wurde im Jahr 1998 geboren und schrieb schon in der Grundschule Geschichten. Derzeit besucht sie das Gymnasium Nepomucenum Rietberg und wird dort 2016 ihre Abiturprüfung ablegen. Seit der siebten Klasse unterrichtet sie mit Freude im Kurs „Kreatives Schreiben" der EULE. Im Frühjahr 2015 hat sie beim „Landeswettbewerb Philosophischer Essay" einen sechsten Platz belegt. Neben der Liebe zur Musik fährt sie viel Fahrrad, bestellt Land und Kübel mit Nutzpflanzen und zeichnet gern.Nach dem Abitur strebt sie ein Studium der Biologie an.

Anna Feichtinger

Anna Feichtinger wurde im Jahr 1935 geboren. Sie studierte am Institut für Lehrerbildung in Landshut/Seligenthal Pädagogik und war als Volksschullehrerin an verschiedenen Schulen tätig. Nach der Schulreform arbeitete sie zunächst an der Haupt- und später an der Grundschule in Regen im Bayrischen Wald. Das Schreiben von Beurteilungen und Gutachten über ihre Schüler bereitete Anna Feichtinger stets Freude. In der Natur gab es für sie viel Schönes und Interessantes zu entdecken: Die Formulierung „Mein Buch ist die Natur" machte sie zu ihrem Lebensmotto, was letztlich auch ihr kreatives Schreiben in der EULE beeinflusste.

Peter Hirsch

Peter Hirsch wurde 1948 in Hamburg geboren. Nach dem Abschluss seiner Schulausbildung machte er eine Lehre im kaufmännischen Bereich. Er merkte aber bald, dass die „trockene Luft" in den Büros eigentlich nichts für ihn war und so übernahm er verschiedene außendienstliche Tätigkeiten. Im Jahr 1982 heiratete er. Aus der Ehe gingen zwei Töchter hervor. Er reiste viel und verbrachte einen Teil seines beruflichen Lebens mit seiner Familie in Afrika, Russland und im Baltikum.

Regina Hirsch

Regina Hirsch wurde im Jahr 1956 in Sonderburg/Dänemark geboren. Aufgewachsen ist sie in Hamburg. Im Anschluss an ihre Schulzeit machte sie eine Lehre zur zahnmedizinischen Fachhelferin. Nach der Heirat im Jahr 1982 bereicherten zwei Töchter das Familienleben. Zusammen unternahmen sie zahlreiche Reisen durch ganz Europa. Mit dem Wunsch, dieses „bewegte Leben" zu Papier zu bringen, besucht sie seit Januar 2015 den Kurs „Kreatives Schreiben" in der EULE.

Dana Martinschledde

Dana Martinschledde wurde im Jahr 1998 in Gütersloh geboren. Sie besucht das Gymnasium Nepomucenum Rietberg und wird dort 2016 ihre Abiturprüfung ablegen. Seit mehr als fünf Jahren arbeitet sie in der EULE und unterrichtet gemeinsam mit Ann-Christin Christoffer den Kurs „Kreatives Schreiben". In ihrer Freizeit tanzt Dana, verbringt viel Zeit in der Natur, liest sehr gern und verarbeitet ihre Eindrücke und Erlebnisse im Verfassen prosaischer und lyrischer Texte. Im Rahmen des 5. Literaturwettbewerbs OWL im Regierungsbezirk Detmold wurde sie 2013 in der Kategorie Lyrik mit dem ersten Preis für ihr Gedicht „urtrieb" ausgezeichnet.

Andrea Sielhorst

Geboren wurde Andrea Sielhorst 1963 in Rietberg. Sie wuchs hier auf und besuchte die Realschule. Danach machte sie eine Ausbildung bei der Post und arbeitete in Verl, Gütersloh und Bielefeld. Später war sie ein gutes Jahrzehnt im Herforder Briefzentrum und anschließend in Bielefeld im Customer Service Center beschäftigt. Sie liebt das Lesen, Malen und Fremdsprachen und seit kurzem versucht sie sich erfolgreich am Schreiben.

Hildegard Thate

Hildegard Thate wurde im goldenen Jahr 1950 in Rietberg geboren, wuchs dort auf und besuchte nach der Volksschule die Handelsschule und die Höhere Handelsschule in Wiedenbrück. Danach arbeitete sie als Sekretärin in verschiedenen Unternehmen. Mit ihrem Mann zog sie 1977 nach Berlin und kehrte nach dessen Tod 2007 wieder nach Rietberg zurück – auf der Suche nach Ruhe, weniger Hektik und mehr Gemütlichkeit. All das hat sie gefunden. Und wie sie selbst sagt: „Die großen Diamanten habe ich gesehen, jetzt suche ich die schönen, kleineren Perlen."

Hans-Wolfgang Wieners

Hans-Wolfgang Wieners wurde im Jahr 1938 in Braunschweig geboren. Nach einer Ausbildung zum Bauschlosser erfolgte ein Wechsel zur Post. Er arbeitete einige Jahre als Landbriefträger. Später ließ er sich zum Schalterbeamten ausbilden und war im Amt des Posthauptsekretärs bis zum Pensionsalter tätig. Seit über 50 Jahren ist Hans-Wolfgang Wieners verheiratet; er hat zwei Töchter und sechs Enkelkinder. Neben der Leidenschaft für seinen Garten, einer Modellbahnanlage und der Malerei gehört auch das literarische Schreiben zu seinen Hobbies. Bereits in der Schulzeit machte es Hans-Wolfgang Wieners Freude, Texte aller Art zu verfassen. Dieses Interesse baut er nun seit zehn Jahren im Kreativen Schreiben der EULE aus.